ちょっと気になる
はぎれがかわいい
ポーチ 50+

はじめに

たくさんのポーチを紹介する「ポーチ50」本の第2弾です。大抵のポーチは、つまみマチ、別マチ、ファスナーマチ、ぺたんこ……というように、いくつかの種類におおまかに分類できます。たくさんの仕立て方があるわけではなく、実用を考えればなおさら使いやすい形は決まってきます。

ただ、仕立て方は同じでも、サイズやデザイン、そして布合わせを考えて新しいポーチを作ることは、とてもわくわくするものです。そしてそこにちょっとした自分ならではの遊びを入れるのが、手作りのよさでもあり楽しいところです。

手縫いかミシン縫いかによって、仕立て方が変わる作品もあります。例えば縫い代の始末の方法が、本体と中袋を別に作って最後にまつるのか、最初に本体と中袋をファスナーに縫ってその後別々に仕立てるのか、重ねて仕立ててテープで始末をするのか。出来上がりの形は同じでも、仕立ての手順が違います。この本では、手縫い、ミシン縫いどちらの作品も掲載しています。

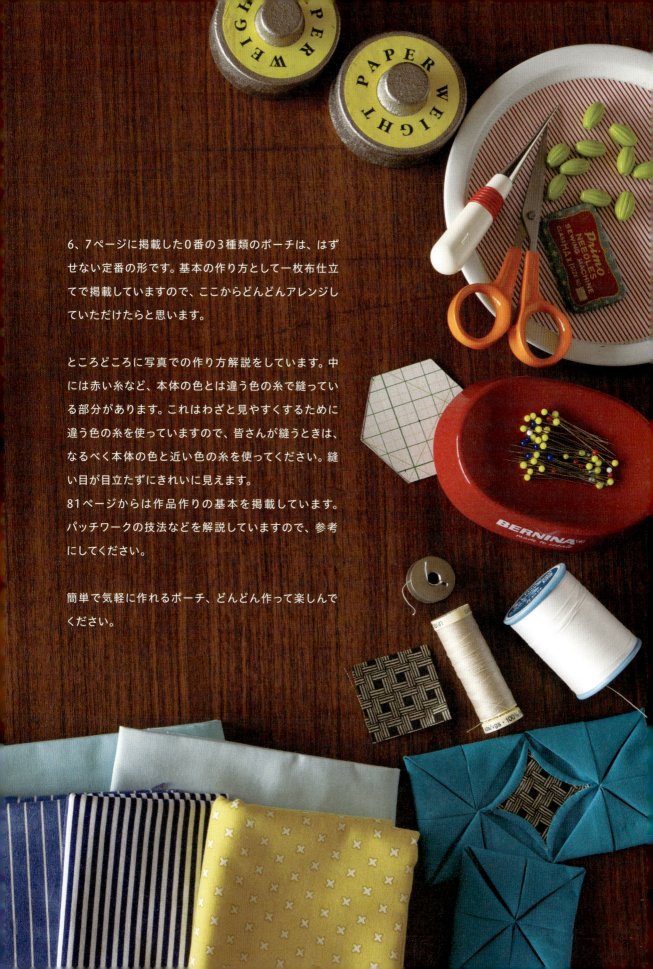

6、7ページに掲載した0番の3種類のポーチは、はずせない定番の形です。基本の作り方として一枚布仕立てで掲載していますので、ここからどんどんアレンジしていただけたらと思います。

ところどころに写真での作り方解説をしています。中には赤い糸など、本体の色とは違う色の糸で縫っている部分があります。これはわざと見やすくするために違う色の糸を使っていますので、皆さんが縫うときは、なるべく本体の色と近い色の糸を使ってください。縫い目が目立たずにきれいに見えます。
81ページからは作品作りの基本を掲載しています。パッチワークの技法などを解説していますので、参考にしてください。

簡単で気軽に作れるポーチ、どんどん作って楽しんでください。

CONTENTS

はじめに……2

定番プラス……6

0

P.6

1

P.12

2

P.13

3

P.14

4

P.15

5

P.16

小さいってかわいい……18

6

P.18

7

P.19

8

P.22

9

P.23

10

P.24

11

P.26

はぎれ使い切り……28

12

P.28

13

P.30

14

P.31

15

P.32

16

P.33

17

P.34

18

P.35

19

P.36

20

P.38

遊びたっぷりキュートに……40

21

P.40

22

P.41

23

P.42

24

P.42

25

P.45

26

27

P.47

P.46

ポケットいっぱい……48

28
P.48

29
P.52

30
P.53

31
P.54

32
P.56

33
P.57

34
P.58

35
P.60

用途に合わせて……62

36
P.62

37
P.62

38
P.64

39
P.65

40
P.66

41
P.67

42
P.68

装飾で遊ぶ大人デザイン……70

43
P.70

44
P.71

45
P.72

46
P.74

47
P.75

48
P.76

49
P.77

50
P.78

6ページ　キャラメルづつみの
ポーチの作り方…8

6ページ　底つまみマチの
ポーチの作り方…10

6ページ　脇つまみマチの
ポーチの作り方…11

フラットポーチの作り方…17

19ページ　スカラップキルトの
コインケースの作り方…20

手縫いのファスナーの付け方…21

ワンタッチプラスナップの付け方…21

四角コインケースの作り方…25

並べて見やすい
コインケースの作り方…27

ヘキサゴンのきんちゃくの作り方…37

カシメの付け方…39

中袋の楽しみ…39

ダックコインケースの作り方…43

5ポケットのポーチの作り方…49

3ポケットのポーチの作り方…51

おりがみポーチの作り方…55

折って折って
3ポケットポーチの作り方…59

どれだけ入る？　ポケットくらべ…61

パンケーキポーチの作り方…69

スモッキングのしかた…73

注目！…73

ビーズの通し方…79

ギャザーの寄せ方…79

カテドラルウインドウの作り方…80

よく使う刺しゅうの刺し方…80

作品作りの基本…81

作品の作り方…84

定番プラス

定番の形にアイデアや自分らしさをプラス。
もうひとつ手作りの楽しさを加えました。

o だいたい同じサイズで
違う仕立て方で作る3つの形

20cmファスナーを使ってマチは6cmに統一した3つの形。
手前から底つまみマチ、キャラメルづつみ、脇つまみマチです。
容量は本体が三角形になる底つまみマチがいちばん小さくなるので、好みで縦や横の幅をもう少し広げてみて。

底つまみマチ6×20cm　キャラメルづつみ6.5×20cm
脇つまみマチ6.5×20cm　山本さくら
How to make … P.8〜11

横から見ると3つの違いがよく分かります。底つまみマチは三角形、キャラメルづつみと脇つまみマチは四角形です。キャラメルづつみと脇つまみマチは見た目も容量もほぼ同じなので、仕立てとマチの形の好みで選びます。

6ページ
キャラメルづつみのポーチの作り方

本体と中袋を重ねて縫い、縫い代をテープで始末する仕立て方を紹介します。本体とマチがぶかぶかせずに一体感があります。

材料

本体用布（足し布分含む）、中袋用布（足し布裏布、縫い代始末用幅4cmテープ分含む）各30×30cm　タブ用革（リボンなどでもOK）5×5cm　長さ20cmファスナー1本

単位：cm

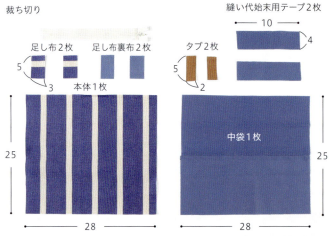

1　本体、中袋、足し布、足し布裏布、縫い代始末用テープ、タブ、ファスナーを用意します。写真では、中袋を接ぎ合わせていますが、一枚布でかまいません。縫い代は1cmです。

2　ファスナーの下耳に足し布と足し布裏布を中表に合わせて縫い、表に返します。縫い目から0.2cmをステッチで押さえます。

3　もう片方の上耳にも同様に足し布を付けます。

4　本体とファスナーの中心を合わせ、ファスナーを布端から0.2cmほど内側に中表に重ねてしつけをかけます。しつけは手縫いでも大きな針目のミシン縫いでもかまいません。

5　中袋を中表に合わせます。本体と中袋でファスナーをはさんだ形です。

6　縫い代1cmで縫います。ミシンの場合は、押さえ金をファスナー押さえに変えて、スライダーを移動しながら縫います。

7　ファスナーのもう片側のテープにも同様に縫います。本体に中表に合わせてしつけをかけ、中袋を中表に合わせて縫います。

8 ファスナーを内側にはさんで、本体と中袋がそれぞれ輪になっている状態です。

9 中袋を表に返して、本体にぴったり筒状に重ねます。ファスナーはあけておきます。

10 タブを二つ折りして本体の足し布側に中心を合わせて重ね、しつけで仮留めします。輪を内側にするのを間違えないように。

11 底中心と側面中心に印を付けます。底中心とファスナーを合わせて折り直し、さらに側面中心を内側に折ってファスナー位置で突き合わせます。

12 マチを縫います。厚みがあるのでゆっくりと縫いましょう。

13 マチに縫い代始末用テープを中表に重ね、**12**と同じ位置を縫います。

14 テープを折り返し、両端を折って端をくるみます。テープが長い場合はカットします。

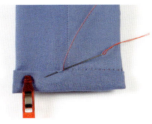

15 テープで縫い代をくるみ、まつります。

16 もう片方のマチも同様に縫います。口から表に返します。

17 完成です。キャラメルのつつみ紙のように折りたたまれたマチがかわいい形です。

6ページ
底つまみマチのポーチの作り方

仕立てはシンプルで簡単、使い勝手もよい定番中の定番の形。本体と中袋のマチを一緒に縫うと、中袋がきれいにおさまります。

材料
本体用布 30×20cm　中袋用布 30×25cm
タブ用革（リボンなどでもOK）5×5cm　長さ20cmファスナー1本

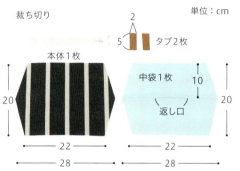

1　本体、中袋、タブ、ファスナーを用意します。中袋は2枚を底に返し口を残して縫い合わせます。ファスナーは上耳と下耳を折ってしつけで仮留めしておきます。縫い代は1cmです。

2　タブを二つ折りし、本体の脇にしつけで仮留めします。しつけは手縫いでも大きな針目のミシン縫いでもかまいません。

3　8ページと同様に口にファスナーを付けます。本体の口にファスナーを中表に仮留めし、中袋を中表に合わせて縫います。

4　もう片側のファスナーテープにも同様に付けます。ファスナーはあけておきます。

5　ファスナーを中心にして本体同士、中袋同士を中表に合わせます。

6　脇を縫います。ファスナーを縫わないように注意しましょう。

7　本体と中袋の底に、それぞれマチをつまみます。底と脇のラインを合わせて三角形にたたみ、6cmに印を付けます。

8　本体と中袋の脇が内側になるように、印を合わせて留めます。ずれないように注意してしっかりと合わせてください。

9　本体と中袋を一緒に、マチの印を縫います。

10　返し口から表に返し、返し口をコの字とじで縫います。

11　表に返せば完成です。台形のような横長で口が大きくひらく、安定した形です。

6ページ
脇つまみマチのポーチの作り方

キャラメルづつみのポーチと、必要な布も出来上がりサイズも同じ。違うのはマチの仕立てと縫い代の始末のしかたです。

材料
本体用布（足し布分含む）、中袋用布（足し布裏布分含む）各30×30cm　タブ用革（リボンなどでもOK）5×5cm　長さ20cmファスナー1本

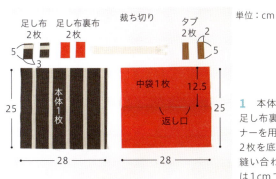

1 本体、中袋、足し布、足し布裏布、タブ、ファスナーを用意します。中袋は2枚を底に返し口を残して縫い合わせます。縫い代は1cmです。

2 8ページと同様に、ファスナーの上耳と下耳に足し布を付けます。

3 口にファスナーを付けます。これも8ページの付け方と同様です。本体にファスナーを重ね、中袋を中表に合わせて縫います。

4 もう片側のファスナーテープにも同様に付けます。ファスナーはあけておきます。

5 本体と中袋の底とファスナーをそれぞれ合わせて折り直します。タブを二つ折りして本体の足し布側に中心を合わせて重ね、しつけで仮留めします。

6 脇を縫います。ずれないようにしっかり合わせて縫いましょう。

7 マチを縫います。本体の脇の縫い目と底中心を合わせて三角にたたみます。合わせにくいですが、しわがよらないようにきちんと。

8 中袋も本体同様に、脇の縫い目と底中心を合わせて三角にたたみます。

9 たたんだ本体と中袋のマチを合わせて留め、6cmで印を付けて縫います。同様に脇のマチ4か所をすべて縫います。

10 マチが縫えたところです。角が三角形に引っぱられているような形です。

11 返し口から表に返し、返し口をコの字とじで縫います。これで完成です。脇にマチができたかっちりとしたボックス形です。

大柄を楽しむサイズの
シンプルポーチ

シンプルな仕立てのポーチは、布選びとサイズ感がキモ。しっかり広い底にエスニックなおもしろい柄使いが新鮮です。

石川さちこ　14×23cm
How to make … P.84

1

ワンランクアップの
シェル形ポーチ

ワンランクアップのポイントは、バイヤステープのきわのパイピングテープ。ひと手間かけることで、ポーチがきりっと引き締まります。

佐々木文子　9.5×15.5cm
How to make … P.85

2

3

持ち手付きで便利なビッグポーチ
セカンドバッグくらいのサイズのポーチには、取り出しやすく持ちやすい持ち手は必須。一枚布でもかわいいですが色と柄をそろえた2枚で切り替えを入れるとよりすてきに。おむつポーチとしても使えます。
原泰子　15×23cm
How to make … P.87

4

ファスナーマチがポイントの
ペンケース

ファスナーマチのポーチは、かっちりとした出来上がり。持ち手を付けた分、ファスナーの始まりをずらすことで使いやすく、デザインのポイントにもなります。

細尾典子　9×20cm
How to make … P.88

5

ログキャビンのフラットポーチ

前は長方形を組み合わせるログキャビンのデザイン、後ろは長方形を裁ち切りのまま自由にアップリケしています。2個目は自分のお気に入りのサイズで作ってみても。

小島千珠子　11×15.5cm
How to make … P.17

フラットポーチの作り方

ファスナーの端がきれいに見えるかどうかがポイント。簡単なので、はぎれの組み合わせを変えていくつも作りたくなります。

材料
本体前用布、本体後ろアップリケ用布各種　本体後ろ用布20×15cm　中袋用布、薄手キルト綿各35×15cm　幅0.8cmリボン10cm　長さ15cmファスナー1本　両面接着シート適宜

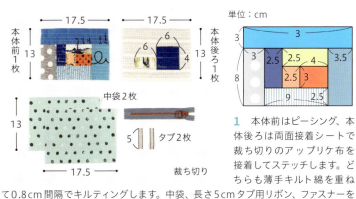

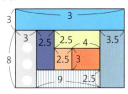

1 本体前はピーシング、本体後ろは両面接着シートで裁ち切りのアップリケ布を接着してステッチします。どちらも薄手キルト綿を重ねて0.8cm間隔でキルティングします。中袋、長さ5cmタブ用リボン、ファスナーを用意します。縫い代は1cmです。

2 ファスナーの上耳と下耳を三角に折って、しつけで留めておきます。

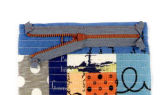

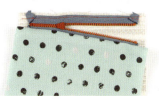

3 本体前とファスナーの中心を合わせて中表に重ね、しつけで仮留めします。ファスナーは本体の口から0.3cmほど内側です。

4 中袋を中表に合わせて縫います。ミシンの場合は、押さえ金をファスナー押さえに変え、スライダーを移動しながら縫います。

5 ファスナーのもう片側のテープを本体後ろに合わせて同様に縫います。

6 ファスナーの両側に本体前と後ろが付いた状態です。

7 本体前と後ろ、中袋同士をそれぞれ中表に合わせます。中袋の底に返し口を残して脇と底を縫います。このとき、タブ用リボンを二つ折りしてファスナーから1.2cm下にはさみ、一緒に縫い付けます。

8 脇は三角に折ったファスナーの端と本体の境目を通るように縫うと、表に返したときにまっすぐに見えてきれいです。

9 返し口から表に返し、返し口をコの字とじで縫います。

10 中袋を本体にきれいにおさめれば完成です。

小さいってかわいい

小さいサイズと形がかわいらしすぎるポーチたち。
少しの布で短時間で完成することも魅力です。

6

オレンジピールの馬蹄形ポーチ

オレンジピールのパターンを二つ折りして馬蹄形にしたデザイン。ストラップを付けておくと、バッグの持ち手などに掛けられるので小さいサイズでも迷子になりにくくて便利です。

早崎麻利子　12×9cm
How to make … P.90

7

スカラップキルトのコインケース

四角形のスカラップキルト1枚から作るコインケースです。スカラップ部分にはフェルトを使っているので縫い代の始末がいりません。ちなみにスカラップとは、ほたて貝のような半円の波形模様や縁のことです。

山本さくら　10×10cm
How to make … P.20

19ページ
スカラップキルトのコインケースの作り方

フェルトを使うのが簡単に作るポイント。普通のコットンを使う場合は、裁ち切りのまま両面接着シートではり合わせるか、正統派に縫い代を折ってまつるかはお好みで。

材料
本体四角用布15×15cm　本体丸用布20×20cm　長さ12cmファスナー1本

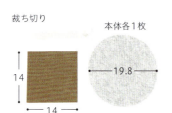

1 本体四角と丸、ファスナーを用意します。フラットニットタイプのファスナーを使う場合は、歯が平らでやわらかく薄いので、はさみで簡単に切れて長さを調節できます。カットするときは、手前で何回か糸を渡して縫い止めておきます。

2 本体丸に四角を重ね、丸のカーブを折ってまち針で留めます。

3 カーブのきわをミシンで縫います。角はきちんと突き合わせて折り、ミシンで押さえます。

4 すべてのカーブを縫います。これで本体ができました。

5 本体を中表に二つ折りして両端の辺を巻きかがりで縫います。

6 角が中心で突き合わさるように残りの辺を合わせて折り直し、端から1cmを縫います。

7 中心が対角線状にあいた正方形ができました。ここが口になります。

8 口にファスナーを合わせてまち針で留めます。ファスナーをあけてファスナーを縫い付けます。

9 21ページの手順で手縫いでファスナーを付けます。

10 表に返し、角をきちんと出して形を整えます。コインケースの完成です。

前はスカラップが集まって花のように、後ろは角に縁取りのようなカーブができます。

手縫いのファスナーの付け方

本体が出来上がってから口にファスナーを縫い付ける方法です。

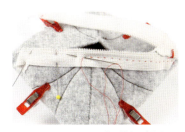

1 上耳と下耳を三角、または斜めに折り、口に合わせてまち針で留めます。ファスナーの歯は、口の端とそろえるか、少し出るくらいの位置に合わせます。

2 ファスナーテープの織りが変わる辺り(歯から0.5cmくらい)を星止めで縫います。

3 端まで縫えたら折った輪の部分をまつります。

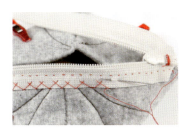

4 折ったテープ端を針で内側に入れ込みます。これですっきりきれいに見えます。

5 ファスナーテープの端を千鳥がけで押さえます。まつったりぐし縫いでもかまいません。

6 端まで千鳥がけできたら、折った輪の部分をまつって完成です。もう片側のテープも同様に縫います。

ワンタッチプラスナップの付け方

布に穴をあけて指ではめ込むだけで簡単に付けられます。

1 ヘッド2つとゲンコ(凸)とバネ(凹)で1組です。

2 スナップを付けたい位置に、目打ちで穴をあけます。

3 ヘッドを差し込み、しっかりと穴にでっぱりを入れます。

4 上からゲンコをはめ込みます。上下からはさんでパチンという音がするまでしっかりとはめます。

5 もう片方のスナップ位置を確認し、同様に目打ちで穴をあけます。

6 ヘッドを差し込み、上からバネをはめ込みます。これで完成です。

ふた付きコイン&カードケース

ふたをあけるとカード入れ、後ろはファスナー付きのコインケースになっています。ICカードと少しの小銭などを一緒に入れておけるので便利です。

細尾典子　8.5×12cm
How to make … P.92

8

9

どっちもファスナーの
ダブルポケットポーチ

手のひらサイズの楕円形の上下がファスナー。これ
だけでおもしろくてかわいい形です。中には仕切り
があるので、入れたものが混ざる心配はありません。

細尾典子　9×12cm
How to make … P.94

10

四角コインケース

折りたたみマチ付きのコインケースです。ふたをあけると、ふた部分にもポケット付き。小さな紙類を入れてもよし、硬貨を受けるポケットにしてもよし。

山本さくら　7×9cm
How to make … P.25

四角コインケースの作り方

作品は帆布を使用。本体がしっかりしているほうが使いやすいので、厚手の布以外は接着芯か薄手接着キルト綿をはるのがおすすめです。

> **材料**
> 本体用布（マチ分含む）20×30cm　裏布（ポケット分含む）25×25cm　直径1.3cmワンタッチプラスナップ1組

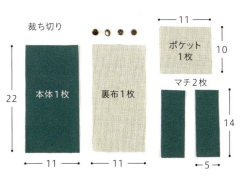

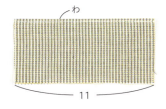

1 本体、裏布、ポケット、マチ、ワンタッチプラスナップを用意します。縫い代は1cmです。スナップの付け方は21ページ参照。

2 ポケットを外表に二つ折りして輪側にステッチをかけます。

3 本体と裏布を中表に合わせ、間にポケットをはさみます。ポケットは輪側が内になります。

4 返し口を残して周囲を縫います。角の縫い代の余分はカットしておきます。

5 返し口から表に返して返し口の縫い代を入れ込み、周囲に端から0.1cmをステッチで押さえます。

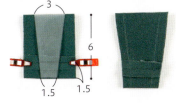

6 マチを作ります。中表に二つ折りして縫います。高さ6cm、上辺3cm、下辺1.5cmのマチの型紙を作っておきます。

7 縫い代を割り、下から1.5cmの位置に折り直します。型紙を重ねてへらなどで印を付け、縫い代を0.5cmにカットします。

8 表に返して縫い代を折り込みます。これを2枚作ります。

9 本体のポケット側（ふた）とは違う側（口）にマチを外表に重ね、5のステッチの縫い目に合わせて縫います。厚みがあるので、ゆっくり縫ってください。

10 マチに本体を沿わせてもう片方の辺も合わせ、同様に縫います。本体にマチの底分1.5cmをとるのを忘れずに。底は縫いません。

11 本体前とポケットにスナップを付ければ完成です。仕立ての縫い目が表に出るので、同系色にして目立たなくするか、色を変えてステッチをポイントにするかはお好みで。

11

並べて見やすいコインケース

硬貨の大きさとぴったりサイズです。硬貨を立てて
並べて入れることで、探しやすく取り出しやすい形に。
一般的なはんこにもジャストサイズです。
山本さくら　3×8.5cm
How to make … P.27

並べて見やすいコインケースの作り方

マチからすぐにファスナーが付きます。そうすることで口が大きくひらき、端の硬貨も取り出しやすくなります。

材料
本体用布、中袋用布、薄手接着キルト綿各15×10cm　長さ12cmファスナー1本

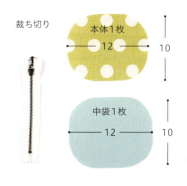

単位：cm

1 本体、中袋、ファスナーを用意します。本体には裁ち切りの接着キルト綿をはっておきます。縫い代は1cmです。

2 縫い代をアイロンでしっかりと折ります。角のカーブは縫い代をぐし縫いして引き絞り、カーブに沿わせます。

3 ファスナーと本体の中心を合わせて重ね、ファスナーの上止から下止までを縫います。ミシンの押さえ金はファスナー押さえを使います。

4 もう片側のファスナーテープも同様に縫います。幅がせまくて縫いづらいので、ゆっくりと縫います。

5 本体のマチを縫います。底中心とファスナーを中表に合わせてたたみ、上止（下止）の0.2cm外側を縫います。マチの幅は2.5cmくらいになります。

6 中袋のマチを縫います。底中心から左右に0.4cmずつあけてマチをたたみ、マチの幅3cmで縫います。

7 本体と中袋を表に返します。

8 本体と中袋を外表に合わせてまち針で留めます。中袋の口を本体のファスナーにまつります。

9 マチも合わせてまつります。中袋を底中心から左右に0.4cmずつあけたのは、本体のファスナーの幅約0.8cm分です。

10 完成です。ファスナーの長さに合わせて作るとよいでしょう。

カーブの実物大型紙

はぎれ使い切り

はぎれのサイズはそのときどきによって違うもの。普段から、はぎれが出たら四角形や六角形に大きさを決めてカットしてまとめておくと、必要なときにすぐに使えて便利です。

12

紙風船みたいな ふんわりきんちゃく

細長いパーツを大は12枚、小は10枚接ぎ合わせて作ります。小さくても、12枚の布、ステッチの糸、口のひもの色合わせをじっくり楽しめます。特にひもは仕上がりの締めになる部分。たかがひもと思わずに、作品の雰囲気に合わせてしっかり選びたいものです。

佐藤なを美　大 10×11cm
小 9.5×10cm
How to make … P.96

底はつつみボタン付き。底からみるのもかわいい。

ジグザグ三角のミニポーチ

三角形を8枚つないだポーチです。側面は三角形ですが、底は正方形。ファスナーは外付けにして本体との色合わせを楽しみます。

佐々尾真澄　8×15.5cm
How to make … P.98

13

14

ミニミニキャンディーポーチ

小さくてカラフル、いくつも作りたくなるポーチです。小さいものほど、ファスナーを外付けにすると仕立てが楽になります。

佐々尾真澄　5×10cm
How to make … P.99

15

四角つなぎのぺたんこポーチ

正方形を15枚つないで作ります。はぎれを青系や
赤系に色分けして合わせると失敗なくまとまります。
口がカーブになっているのがかわいい。

佐々木文子　11.5×18cm
How to make … P.100

ほっこりミニバッグ風ポーチ

持ち手を付けてミニバッグ風にしました。手前がウール、右が先染め布、左がプリント使い。布によってちょっとずつイメージが変わります。

渡辺美江子　6×13.5cm
How to make … P.101

16

17

プリントで遊ぶポーチ

布が足りなくなったときは、なるべく柄を合わせて接ぎ合わせ、その接ぎ目を切り替えとしてデザインにしてしまいます。布の上手な使い方です。個性的な布同士がファスナーの青とテープの紫のラインでうまく整理されています。

小原智佐子　12.5×19cm
How to make … P.102

さわやか夏色ポーチ

さわやかなパステルカラーとブルーが夏にぴったりです。マチはファスナーマチではなく、マチのラインを正方形のピースと合わせた脇つまみマチにして簡単に。

原泰子　9×21cm
How to make … P.104

18

ヘキサゴンきんちゃく

ヘキサゴン(六角形)を7枚つないだかわいい形です。それぞれの辺を縫い合わせると立体に立ち上がります。ひもを引き絞ると、ヘキサゴンの角が飛び出てこんぺいとうのよう。

内山喜代美　10×15cm
How to make … P.37

ヘキサゴンのきんちゃくの作り方

リネンやウールなどのやや厚手の布で作ると形がきれいに仕上がります。

> **材料**
> 本体用布7種各15×15cm 中袋用布50×45cm 幅0.8cmループ用テープ25cm 幅0.5cmひも110cm
>
> 実物大型紙86ページ

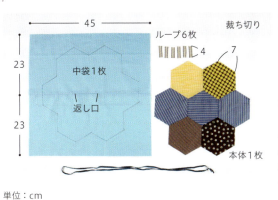

単位：cm

1 1辺7cmのヘキサゴンを7枚縫い合わせて本体を作ります。印から印まで縫って、縫い代は風車状に倒します。中袋は45×24cmに2枚カットし、返し口を残して縫い合わせます。中袋に本体を重ねて同じ大きさの印を付けておきます。 長さ4cmループを6本、ひもを用意します。縫い代は0.7cmです。

2 隣り合う辺を立ち上げるように中表に合わせ、6辺を縫います。

3 中袋を印通りにカットします。

4 本体同様に、中袋の隣り合う辺を立ち上げるように中表に合わせ、6辺を縫います。

5 ループを二つ折りし、本体の接ぎ目に重ねてしつけで仮留めします。

6 本体と中袋を中表に合わせ、縫い目と縫い目をきちんと合わせて留めます。

7 口をぐるりと縫います。

8 表に返して返し口をコの字とじで縫います。

9 口を整え、口の端から0.2cmにステッチをかけて押さえます。

10 左右からひもを通せば完成です。

ヘキサゴンのキャンディーポーチ

小さなヘキサゴンをつないだ、手のひらに乗るサイズのポーチです。赤、青、白の3色でまとめてすっきりかわいらしく。

長谷川直美　9.5×13cm
How to make … P.103

20

カシメの付け方

持ち手を付けたりデザインのアクセントになるカシメ。
ちょっとかっこよく、本格的な仕上がりになります。

1 木づち、ゴム板、打ち台、穴あけポンチ、カシメ打ち、カシメを用意します。カシメは凸と凹で1組です。

2 ゴム板を敷き、持ち手と本体にそれぞれ穴あけポンチを合わせて、上から木づちで打ち、穴をあけます。

4 打ち台のくぼみに合わせてカシメ凸を置き、本体、持ち手の順に重ねてカシメ凹をはめ込みます。

5 はめ込んだカシメ凹の上にカシメ打ちを合わせて木づちで強く打ちます。一気に打ち込むのではなく、垂直に少しずつ打ちます。

本体は大柄の魚柄、中袋は小柄のサメ柄という遊び方。白と青の2色使いはすっきりして使いやすい組み合わせです。

本体に使った布の色違いで、かつ雰囲気と色を合わせたプリントをセレクト。こういうこだわりが、作品をワンランクアップさせます。

本体と色を合わせた中袋。大人っぽい雰囲気を壊さないように、大人の花柄で。

本体のユニークな顔のデザインに合わせて、ぱっちり目のドット風顔プリント。

中袋の楽しみ

表からは見えない中袋ですが、口をあけたときの、自分だけに分かる密かな楽しさがあります。中袋は入れたものが分かりやすいことが大前提。2色使いのプリントなど、表よりも派手にならないようにします。

遊びたっぷりキュートに

ポーチは実用品ですが、小さくてさっと作れるポーチだからこそ
気軽に楽しめるデザインもあります。少し実用度は低くなっても
おもしろがって作ってみたいポーチたち。

21

くまくまのポーチ

ねこ？くま？不思議なかわいさがあふれ
るくま形です。ボタンの目に、眼鏡のよ
うなステッチ、ウールのもこもこ感、見る
たびに愛おしくなるポーチです。

大音和江　15.5×12.5cm
How to make … P.106

たれ耳わんこのポーチ

人なつっこそうないぬのデザイン。長めの耳がパタパタと動くのもかわいいところ。入れ口は後ろにあります。

大音和江　11×17cm
How to make … P.108

22

ダックコインケース

ばね口金をあひるの口に使ったポーチ。三角おにぎりのような形に黄色いくちばし、てっぺんのモヒカンのような毛とキャラクター的なおもしろさがあります。

菅原由恵　9.5×13cm
How to make … P.43

かえるコインケース

ダックと同じ仕組みのかえるバージョン。ダックよりも少し大きいので、硬貨以外のものも入ります。いやし系顔です。

菅原由恵　12.5×15cm
How to make … P.110

ばね口金を両側から押してひらくと、あひるの元気な「グワッ」と、かえるの歌が聞こえてきそうです。

ダックコインケースの作り方

内側に縫い代が出るので、布端にジグザグステッチやロックミシンをかけておいてもよいでしょう。

材料
本体用布、裏布各35×15cm　くちばし用布25×10cm　長さ10cmばね口金1本、目用フェルト、25番刺しゅう糸各適宜
実物大型紙110ページ

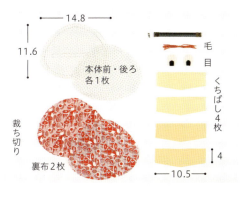

単位：cm

1　本体前と後ろ、裏布、くちばし、目、刺しゅう糸6本取りを長さ6cmでカットして8本束ねた毛、ばね口金を用意します。本体前のくちばし付け位置に印をしておきます。ばね口金は小さなピンをなくさないように。縫い代は0.7cmです。

2　くちばしを作ります。2枚を中表に合わせて口先を縫います。

3　ひらいて脇の縫い代を折り、端から0.2cmにステッチをかけて縫い代を押さえます。

4　口先から外表に折って合わせ、しつけをかけます。手縫いでも、大きな針目のミシン縫いでもかまいません。

5　本体前と裏布を中表に合わせ、くちばし付け位置に切り込みを入れます。両端1cmずつを残して真ん中を真っ直ぐ切り込みます。

6 両端に残した1cmに、角に向かって斜めに切り込みを入れます。

7 本体前のくちばし付け位置の上部の印とくちばしの印を合わせて重ねます。くちばしが本体と裏布にはさまった状態です。

8 くちばし付け位置の上部を縫います。

9 下のくちばしも同様に重ねて縫います。くちばし付け位置の両脇も縫います。

10 くちばしから表に返します。これで本体にくちばしが付きました。

11 本体前の上中心に、毛を付けます。束にした毛を二つ折りし、しつけで仮留めします。

12 本体後ろと裏布を外表に合わせます。そのまま本体前と後ろが中表になるように重ねて周囲をぐるりと縫います。

13 カーブの縫い代に切り込みを入れます。くちばし部分から表に返し、形を整えます。

14 くちばしにばね口金をそれぞれ通します。

15 端まで通せたら口金を組み合わせます。

16 上からピンを通し、目打ちの柄や台の上などでたたいてしっかりと差し込みます。

17 目を接着すれば完成です。かえるも形が違うだけで作り方は同じです。

25

いぬとねこのコインケース

小さな正方形の本体の形を生かしてアップリケをしました。中は仕切りがあるので、分けて入れられて便利です。中のプリントもねこ柄です。

堀川澄江　8.5×8.5cm
How to make … P.112

26

ポップなおすましバッグのポーチ

ビビッドな補色の組み合わせながら、シックさもあるのがポイント。かわいい形に合わせた布選び、パーツ使いがセンスの見せ所です。

武石正子　13×16cm
How to make … P.114

27

キュートなブラウスポーチ

こちらはかわいいプリントを使ったブラウス形。目を引くプリント同士の組み合わせを考えて、同系色で合わせています。入れ口は後ろにファスナー口をくり抜いて作ります。

武石正子　14×12.5cm
How to make … P.115

ポケットいっぱい

ポーチといえど、入れ口やポケットがいくつかあって、分けて入れられるのはうれしいもの。そして、工夫してポケットが出来上がったときの作るおもしろさも格別です。

28

5ポケット&3ポケットのポーチ

一見シンプルに見える四角のポーチ。上から見ると
本体が3つと2つ、その間にさらにポケットがあります。
スリムなのにポケットたくさんのすぐれものです。
小島千珠子　5ポケット　13×18cm
3ポケット　12.5×16cm
How to make … P.49

5ポケットは3つのパーツ、3ポケットは2つのパーツで構成しています。

5ポケットのポーチの作り方

作り方はとても簡単。パーツの組み合わせと内側の
ポケットを縫う位置を間違わないようにだけ注意を。

材料

本体用布（タブ分含む）70×30cm　裏布 60×30cm　長さ25cmファスナー1本　接着芯適宜

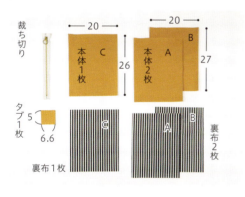

単位：cm

1　本体A〜C、裏布、タブ、ファスナーを用意します。裏布は本体と同じサイズです。縫い代は1cmです。普通の厚さのコットンを使うときは、本体と裏布の両方に接着芯をはります。

2　本体A〜Cと裏布をそれぞれ中表に合わせ、返し口を残して周囲を縫います。

3　表に返して返し口をまつってとじます。角は目打ちなどで引き出して整え、きれいな角が出るようにします。

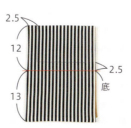

4　本体AとCを中表に合わせ、脇から2.5cm、底から2.5cmの位置を縫います。これが内側のポケットになります。

5 本体BとCを中表に合わせ、Aと同じ位置を縫います。このとき、4で縫った部分はよけておきます。

6 横から見ると、本体AとBの間に二つ折りのCがはさまっている状態です。

7 本体AとBをそれぞれ底から外表に折り上げます。AとBの口側が1cm上に出ます。

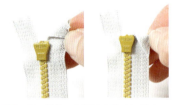

8 脇を縫います。本体A同士、B同士、C同士に分けて縫います。脇から0.1cmの位置を縫います。

9 袋の形になりました。本体AとBの外側の口だけが1cm飛び出しています。

10 ファスナーを付けます。ファスナーの上耳と下耳を折って平らにし、縫い止めておきます。

11 本体Aの飛び出した口にファスナーを重ねて留めます。ファスナーは本体よりも長いので、上耳側を本体に合わせ、下耳側は飛び出させます。

12 口を縫います。ほかの本体を縫い込まないように注意します。

13 もう片側のファスナーテープを本体Bに同様に付けます。

14 タブを作ります。タブのサイズはファスナーの幅や布の厚さによって調整してください。5cmの長さを二つ折りします。

15 次は6.6cm側を二つ折りして0.5cmの縫い代で縫います。

50

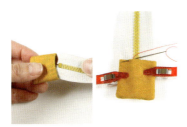

16 縫い目を中心にして折り直し、下を縫います。

17 表に返してファスナーの下耳側にかぶせます。下耳の余分なテープはカットしておきます。タブをファスナーにまつります。

18 完成です。

3ポケットのポーチの作り方
作り方は5ポケットと同じですが、本体が同じサイズの2枚だけです。

材料
本体用布（タブ分含む）、裏布各40×30cm　接着芯75×25cm　長さ20cmファスナー1本

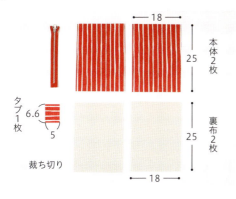
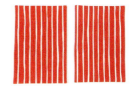

1 本体、裏布、タブ、ファスナーを用意します。本体と裏布には接着芯をはります。縫い代は1cmです。

2 5ポケット同様に、本体と裏布を中表に合わせて縫い、表に返します。

3 本体2枚を中表に合わせ、脇から2.5cm、底から2.5cmの位置を縫います。

4 本体をそれぞれ底から外表に折り上げます。口側が1cm上に出ます。

5 脇から0.1cmの位置をそれぞれ縫います。袋の形になりました。本体の外側の口だけが飛び出しています。

6 ファスナーとタブを5ポケットと同様に付ければ完成です。

29

箱形ダブルファスナーのポーチ
中央の2本のファスナーで右と左に分かれています。
本体の布も2種類使って色分けするとかわいい。

小島千珠子　13×15cm
How to make … P.117

ぺたんこダブルファスナーのポーチ

ぺたんこポーチの上と前側にファスナーが付くタイプ。脇に付けたストラップ状の持ち手がつかみやすくて意外と便利です。

佐々木文子　13.5×21cm
How to make … P.118

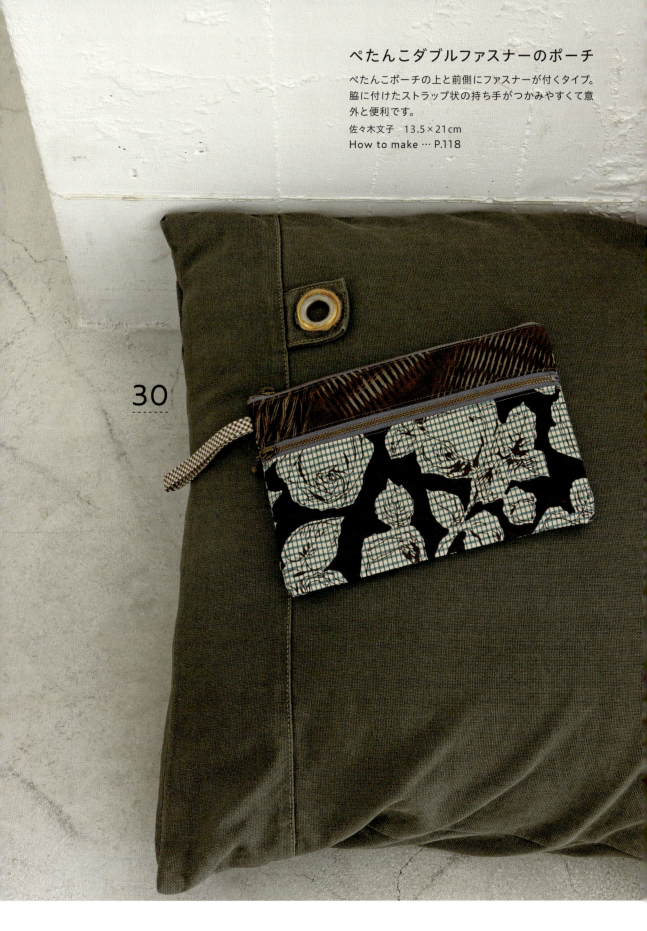

30

封筒形のおりがみポーチ

おりがみのように1枚をたたんで作るポーチです。封筒のようにも見えますが、3つのポケットがあります。

小島千珠子　8.5×15cm
How to make … P.55

31

おりがみポーチの作り方

本体1枚のみで作ります。ダイヤのナインパッチは上下がふたになることを考えて配色します。

材料
本体用布各種　本体A用布70×15cm　裏打ち布、両面接着キルト綿50×35cm　直径1.3cmワンタッチプラスナップ2組　5番刺しゅう糸適宜

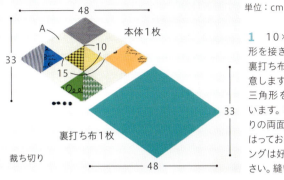

単位：cm

1 10×15cmのひし形を接ぎ合わせた本体、裏打ち布、スナップを用意します。ひし形3枚は三角形を縫い合わせています。本体には裁ち切りの両面接着キルト綿をはっておきます。キルティングは好みでいれてください。縫い代は1cmです。

2 本体と裏打ち布を中表に合わせ、返し口を残して周囲を縫います。

3 返し口から表に返し、返し口をコの字とじで縫います。裏打ち布に両面接着キルト綿をアイロンで接着します。

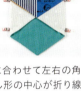

4 中心に合わせて左右の角を内側に折ります。ちょうど2列目と4列目のひし形の中心が折り線になります。

5 底中心を3枚まとめて縫います。端からではなく0.5cmほど内側から縫い始め、0.5cm内側で縫い止まります。

6 スナップを付けます。付け方は21ページ参照。上下の角から1.5cmの位置にゲンコをそれぞれ付けます。4で折った上の1枚にも交点から1.5cmの位置にバネを付けます。

7 底の縫い目から二つ折りして脇をステッチでとじます。底から始め、斜めに糸を渡して上まで縫います。

8 上で2回平行に縫い止めます。最初の糸にクロスになるように糸を渡し、上から底に縫います。最後は内側で玉止めをします。

9 2つのふた付きポケットと内側にもポケットができました。これで完成です。

32

5ポケットの通帳ケース

48ページのポーチと仕組みは同じ。こちらはファイルのように通帳や紙類をはさんでベルトで止めて収納するイメージです。

細尾典子　11×19cm
How to make … P.120

まとめて便利 文庫本カバー

文庫本がぴったり入るサイズです。ブックカバーのように、左右のポケットに表紙を入れればそのままひらいて読めます。お薬手帳もこのサイズです。

大塚昌代　17×12cm
How to make … P.122

33

折って折って3ポケットポーチ

布幅いっぱいをそのまま使います。山折り谷折りして2辺を縫うだけ。折り方さえ分かれば、ファスナーを付けたりアレンジして楽しめます。

石井良子　12.5×19cm
How to make … P.59

34

折って折って3ポケットポーチの作り方

110〜114cmの布幅をそのまま使います。114cmより短い場合は、図の両端の12cmと10cmを短くして調整します。

材料
本体用布、接着芯各114（布幅）×25cm　テープなど好みで適宜

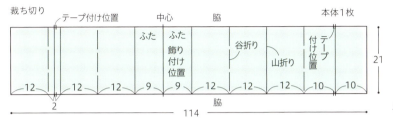

1 本体の裏に接着芯をはり、折り線を書いておきます。両端から12cmと10cmで折り、テープを縫い付けます。ここが前ポケット口になります。

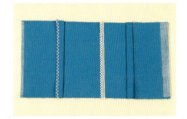

2 ふた部分に好みで飾りを付けます。ふた部分以外を折り線通りに折り、アイロンでしっかりと押さえます。

3 中心から中表に合わせて脇を縫います。角は内側に2cm入って斜めに縫います。

4 返し口から表に返します。布端と布端の間から返します。

5 表に返すと写真のような状態になります。ふたの角をきれいに出しておきます。

6 手前のポケットを表に返します。

7 角を整えれば完成です。

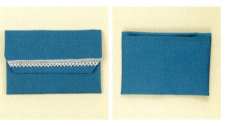

8 前にはふた、後ろにはポケット、ふたをあけると前ポケットと本体の袋ができています。

35

毎年作って使いたい長財布
ポケットが多くて便利といえば長財布。お札がそのまま入る大きなポケット、硬貨用のファスナー付きポケット、カード類が見やすく取り出しやすい仕切りのポケット。使いやすさを考えた長財布です。
柴尚子　12×21cm
How to make … P.124

どれだけ入る？
ポケットくらべ

2つ
バッグの中にポーチはいくつかあることが多いので、2つポケットくらいが最適。

手帳など平らなものがおすすめ。ポケットティッシュなどの身だしなみ必需品などにも。

3つ
小さなものを分けて入れたいときに。

5つ
ファイルのようにきっちり分けたいときに。じゃばらに広がるので分かりやすい。

6つ
機能的ケース。自分に必要なポケットをカスタマイズして。

13!!
最強長財布。マチも付いているので、しっかりひらいて安定もしています。

61

用途に合わせて

用途別にサイズや形を合わせて作ります。
どんな形が使いやすくてかわいいか、
自分の持ち物に合わせて作ってください。

36
**バッグに掛ける
パスケース**

リールキーホルダーが付いたパスケースです。ICカードを入れてバッグに掛けておけば、バッグの中を探すこともなくさっと取り出せてスムーズです。

中西和子　11×9cm
How to make … P.126

37
**おそろい
まんまるポーチ**

パスケースとおそろいのポーチです。コインケースにしたり、薬ケースにしたり。おそろいだとちょっとわくわくします。

中西和子　直径11cm
How to make … P.127

リールキーホルダーは引っぱれば伸びて、離せば縮みます。まんまるポーチはぐるりとファスナーが付いていて大きくひらくので、取り出すときにあけすぎには注意を。

38

シンプルグラスケース

2つのカーブがかわいい、布だけで作るグラスケースです。
口がオープンになっているので、さっと取り出せるタイプ。
口が斜めになっているのも取り出しやすいポイントです。
小島千珠子　17.5×8.5cm
How to make … P.128

39

だ円の定番めがねケース

ファスナーで口がしめられるめがねケースです。万が一でもめがねに傷が付きにくいように、ファスナーの歯は金属ではなくプラスチックのタイプを使用。
中西和子　7.5×17cm
How to make … P.129

**ボックスティッシュが入る
ティッシュケース**

横長にたたまれたボックスティッシュの形がそのまま
20枚入ります。マグネットボタン付きなので二つ折
りすればコンパクトサイズに。花粉の季節、ポケット
ティッシュでは足りないときの頼れる味方です。

石川さちこ　12×12.5cm
How to make … P.130

ポケットティッシュケース＋ポーチ

表はコラージュ風のシンプルなポーチですが、反対側はポケットティッシュケースが一体になっています。目薬などティッシュを一緒に使いそうなものをまとめて入れることができて便利です。

小島千珠子　11×15cm
How to make … P.131

42

まんまる平らなパンケーキポーチ

見た目もかわいいパンケーキ形のソーイングケースです。針を刺しても安全なように、上下に厚紙やバッグ用の底板を入れているのでしっかりしています。

内山喜代美　直径9.5cm
How to make … P.69

パンケーキポーチの作り方

携帯用ソーイングケースとして考えられた仕様です。好みで内側に小さなポケットを付けたり、テープを渡したりしてアレンジしてください。

材料
直径12.5cm本体用布2枚　直径12.5cm中敷き用布2枚　10.5×10.5cmキルト綿2枚　直径9cmキルト綿2枚　直径6cmキルト綿3枚　直径9.5cmバッグ用底板（プラスチック板や厚紙でもOK）2枚　長さ30cmファスナー1本　両面テープ適宜

1 バッグ用底板にボンドを塗り、10.5cm角のキルト綿をはります。縫い代0.5cmを残して丸くカットします。

2 直径12.5cmの本体用布の周囲をぐし縫いします。

3 1の底板に、周囲から1cm内側に両面テープをぐるりと付けます。2の本体用布でくるんでぐし縫いを引き絞り、両面テープに布をはり付けて固定します。

4 上下左右に中心の印を付けます。方眼の定規などを使うと簡単です。

5 中敷きを作ります。直径12.5cmの布の周囲をぐし縫いし、直径9.5cmの厚紙を入れてぐし縫いを引き絞り、形作ります。直径9cmのキルト綿を用意し、ふたの内側は針刺しにするので、直径6cmのキルト綿を重ねてしつけで留めます。

6 厚紙を抜いてキルト綿を入れます。本体と同様に上下左右に中心の印を付けます。

7 ファスナーを中表に合わせて輪に縫い、端がじゃまにならないように外側に三角に折ってまつります。

8 縫い合わせたところを中心にして、四等分の印を付けます。

9 本体とファスナーの印を合わせてまち針で留め、ファスナーテープの織りが変わる位置をまつります。まつる位置で出来上がりの高さが変わります。

10 内側の底板にボンドを塗り、直径6cmのキルト綿をはり付けます。

11 中敷きとファスナーの印を合わせてまち針で留め、まつります。これで片側ができました。

12 もう片側も同様に作れば完成です。

装飾で遊ぶ大人デザイン

シックな色に遊び心のある装飾的なデザイン、
ひと手間かけた丁寧なつくりが、
大人の持ち物の余裕を感じさせるポーチたち。

トレジャーポーチ

大切なものを入れておくためのポーチ。質感のある布に黒のスカラップとベルト、ビーズで装飾をほどこします。モノトーンで大人かわいい宝石箱のようなイメージで。
石川さちこ　14×25×5cm
How to make … P.132

43

大人色の大きめポーチ

縦長の大きめサイズにシックなメンズっぽい色合いと、かわいい花の装飾というギャップが魅力的です。男性にもおすすめしたいポーチ。リボンやオーガンジー、フェルトなど、素材使いも楽しんでいます。

嵯峨暁子　28×19cm
How to make … P.134

45

**フリルとスモッキングの
ガーリーなきんちゃくポーチ**

手のひらに乗る小さなサイズに丁寧な手仕
事。小さなかわいいがいっぱいつまったポー
チです。飾っておくだけでも絵になります。
石川さちこ　15×11cm
How to make … P.136

スモッキングのしかた

スモッキングは、ステッチの繰り返しで立体の模様を生み出します。複雑そうに見えますが、糸の渡し方はとても単純。一度覚えてしまえば簡単に進められて、美しい模様の布に生まれ変わります。

1 布の周囲に、ほつれ止めのジグザグミシンをかけます。

2 数字の順番にステッチをします。

3 格子を目印にしてステッチをします。玉結びをして格子の角に針を出し（1出）、右横の角をひと針すくい（2入、3出）、糸を引きます。

4 下の角をひと針すくい（4入、5出）、右横の角をひと針すくって（6入、7出）糸を引きます。

5 上の角をひと針すくい（8入、9出）、右横の角をひと針すくって糸を引きます。右端まで縫ったら玉止めをします。

6 2段目左端角に針を出し、右横の角をすくって糸を引きます。

7 次は上をすくいます。4と同じように4～7の順に縫って糸を引き、下の角に針を出します。これでダイヤモンド形になりました。

表

裏

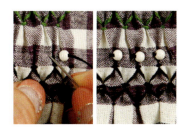

ビーズは、ひだのくぼみにおさまるように付けます。縫い付ける糸が見えたり、ビーズが曲がったりしないように、ビーズの幅で針を入れます。

注目！

装飾をする場合は、素材にこだわると見た目もアップします。

長いまつげが印象的な目のパーツ。フェルトと組み合わせます。手芸店で手に入ります。

規則正しい格子とビーズが美しい。ダルマ型ひっかけ金具で上品なベルトに。

持ち手はDかんにひっかけます。大きなビーズ使いは、布にはない立体感とつややかさが出ます。

ふんわりタックのやさしいポーチ

ふわっとしたやさしい表情を見せるタック入りのポーチです。ピンクの大きな花柄を生かすちょっと大きめサイズ。

大畑美佳　15×23cm
How to make … P.138

46

モダンふくさポーチ

ふくさのようにぺたんこでふたで折る形。和布やチャームなど和の素材を使いつつも普段使いできるようにモダンに仕上げます。脇をステッチして仕上げます。
石川さちこ　14×21.5cm
How to make … P.139

47

48

カテドラルウインドウが
美しいポーチ

カテドラルウインドウとは、大聖堂の窓という意味のパッチワークパターン。ダークな色でまとめると、窓の部分のプリントが引き立ちます。

松本良子　15×20.5cm
How to make … P.140

おしゃれさんのおもしろポーチ

ぱっちり目に釘付けになります。見るたびに楽しくなる遊んだデザインができるのも、ポーチだからこそ。外付けファスナーのステッチとチェーン風のストラップの黒が全体を引き締めていいバランスです。

石川さちこ　18×24cm
How to make … P.141

49

ビーズとフェイクファーの パーティーポーチ

パーティー用のクラッチバッグのような凝ったポーチです。きらきらのフェイクファーにナツメ型ビーズの組み合わせは、レトロな華やかさ。

石川さちこ　10×20.5cm
How to make … P.142

50

ビーズの通し方

基本的な通し方です。ここでは見やすいように黒いテグスを使っていますが、実際に作るときは透明のテグスを使ってください。

1 テグスにビーズを1つ通し、上下のテグスの長さを同じにします。上下のテグスにもう1つずつビーズを通します。

2 次の1つのビーズの上下からテグスを通し、交差させます。上下のテグスに1つずつ通し、次の1つで交差させることを繰り返します。

3 必要個数を通したら輪にします。上下のテグスにそれぞれ1つずつ通したところで止めておきます。

4 最初のビーズに上下からテグスを通します。これで輪になりました。ポーチにするときは24セット繰り返してください。

5 最初の3つのビーズに空通ししてテグスを下に出します。ここから2段目を始めます。

6 左側のテグスにビーズを3つ通します。右側のテグスを3つ目のビーズにのみ交差させて通します。

7 テグスを引き絞ると1段目の下のビーズを共有しながら2段目ができました。

8 上側のテグスを1段目の下のビーズに空通しします。

9 ビーズを2つ通し、最後の1つはテグスを左右から通して交差させます。これを繰り返して3段目まで作ります。最後はテグスを片結びし、いくつかのビーズに空通しすれば完成です。

ギャザーの寄せ方

77ページのぱっちり目の周囲のギャザーテープの作り方です。

10 幅2cmのバイヤステープをカットします。0.5cmほどの大きな針目でミシンステッチをします。

11 ミシンステッチの端の糸を1本だけ引いて、布を寄せます。

12 ぎゅっと引き絞ればギャザーの完成です。

カテドラルウインドウの作り方

ステンドグラスをイメージして作ります。複雑そうに見えますが、折り紙のような作り方が分かれば意外と簡単です。

1 出来上がりサイズの2倍の台布、飾り布を用意します。台布は縫い代を折り、対角線で折って折り線を付けておきます。

2 中心の裏側から針を出し、角を順番にすくいます。角にぎりぎりの部分に縫い代側から針を入れます。

3 糸を引いて角を中心で突き合わせます。アイロンで押さえてきれいな正方形の形にします。糸は切らずにそのままで。

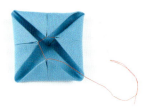

4 針を裏に出し、同様に角をすくって糸を引きます。中心で突き合わせて折りたたみ、アイロンで押さえて形を整えます。

5 反対側に針を出して玉止めをすれば、台布の完成です。これを必要枚数作ります。左が表、右が裏です。

6 2枚を中表に合わせて巻きかがりで縫います。糸を引き気味に縫うと、縫い目が目立たずきれいです。

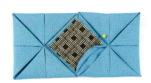

7 6の接ぎ目の上に飾り布を乗せます。飾り布の周囲の台布がカーブになるように少し折り返してまち針で留めます。

8 角の0.5cm内側からたてまつりで縫います。次の角の0.5cm手前まで縫ったら次の辺を折り返し、角まで縫わずに次の辺に針を出して縫い進みます。

9 すべての辺をまつったら完成です。角を0.5cm縫い残すことできれいに仕上がります。

よく使う刺しゅうの刺し方

ランニングステッチ

フレンチノットステッチ

アウトラインステッチ

サテンステッチ

ストレートステッチ

ヘリンボーンステッチ

作品作りの基本

パッチワークキルトの基本を中心に説明します。
一枚布で仕立てる場合も、作り方は同じです。仕立ては各ページに作り方を掲載しています。
各写真解説ページも参考にしてください。

作り方の流れ

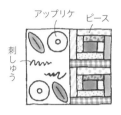

1 トップを作る
ピーシングやアップリケ、刺しゅうをしてまとめた表布をトップと言います。

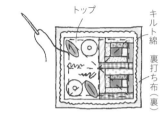

2 しつけをかけてキルティング
裏打ち布、キルト綿にトップを重ね、3層がずれないようにしつけをかけて一緒に縫います。

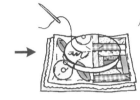

3 仕立てる
周囲や口をパイピングしたり、脇やマチを縫ってバッグやポーチに仕立てます。

トップを作る　ピーシングやアップリケをしてまとめるか、一枚布のままか。

1 ピースをカットする

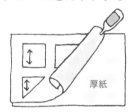

型紙を作る
紙に実物大型紙を写し、紙が伸びないようにペーパーボンドで厚紙にはって正確に切ります。

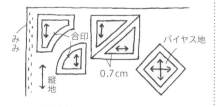

印付け
型紙を布の裏に置き、2Bくらいの鉛筆で印付け。布目線と縦か横の布目を合わせます。目分量で0.7cm（バッグは1cmが目安）の縫い代を付けてカット。

2 ピーシングをする（ピース同士を縫い合わせる）

❶ピース2枚を中表に印と印を合わせてまち針で留めます。両端の印、中央、その間の順にまっすぐ刺しましょう。

❷玉結びをします。針に糸を2、3回巻き付けて指で押さえ、針を抜きます。

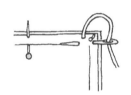

❸縫い始めで1針返し縫いをします。ぐし縫いで最後まで縫います。

❹端まで縫えたら、縫い縮みを防ぐために糸こきをします。縫い目を爪でしごいて軽く伸ばします。

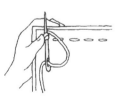

❺縫い終わりも1針返し縫いします。針を親指で押さえ、針先に糸を2、3回巻き付けて針を抜き、玉止めします。

81

ピーシングの縫い方3種

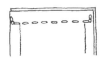

布端から布端まで
縫い切りをするときの縫い方。

印から印まで
両端ともはめ込み縫いをするときの縫い方。

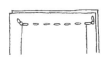

布端から印まで
印まで縫う側にはめ込み縫いをするときの縫い方。

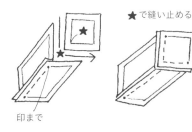

はめ込み縫いとは
2枚を中表に合わせて印まで縫ったら、はめ込むピースを中表に合わせて2辺をL字形に縫います。

縫い代の倒し方

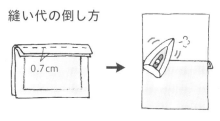

縫い代を0.7cmに裁ちそろえ、浮き上がらせたいピース側か、濃色のピース側に片倒しします。アイロンで押さえるとしっかりと倒れます。

針と糸について

針と糸はたくさんの種類があります。下記を参考にして自分の使いやすいもので縫ってください。専用の糸や針もあります。
- ピーシング　　メリケン針の8～9番　40番のカタン糸
- アップリケ　　絹針の四の三　50～60番のカタン糸
- しつけがけ　　長さ4.5～5cmくらいの中ぐけ針　しつけ糸
- キルティング　メリケン針の8～9番の短針
　　　　　　　　50～60番のろうびき加工のカタン糸
- まち針　　　　細くて短いシルクピンタイプ

3　アップリケ

形を整えてからまつる

布の裏に印を付け、縫い代をぐし縫いして型紙に合わせます。ぐし縫いの糸を引きながら、型紙に沿ってアイロンで押さえ、型紙を抜いてまつります。

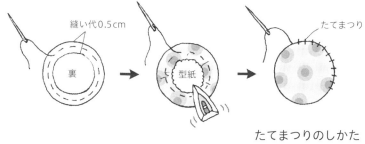

まつりながら形を整える

布の表に印を付け、くぼみ、へこんだカーブの縫い代に切り込みを入れ、縫い代を針先で折り込みながらまつります。

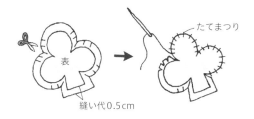

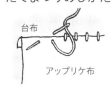

たてまつりのしかた

表に見える糸の渡りを縦に小さく立てたまつり方。

4　キルティングラインを描く

トップができたら、キルティングの目安となるラインを2Bくらいの鉛筆や印付け用のペンなどで軽く描きます。格子など直線の場合は定規を当てて引き、図案の場合は、図案の上にトップを重ねてなぞります。濃い色の布の場合は、布(トップ)、複写紙、図案、セロハンの順に重ね、上からトレーサーなどでなぞって写します。

しつけをかけてキルティング　トップ、キルト綿、裏打ち布をひとつにまとめます。

1 しつけがけ

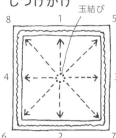
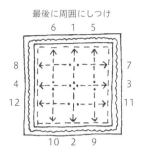

平らな場所で、裏打ち布、キルト綿、トップ（表布）の順に重ね、中心から外に手でならして空気を追い出します。3層がずれないようにしつけをかけます。布を持ち上げないように、すくう針目は小さく、糸の渡りは1～1.5cmくらいを目安に放射状か格子状にかけます。接着キルト綿や接着芯で3層を接着しているときは、しつけをかけなくてもかまいません。

2 キルティング（ステッチを入れる）

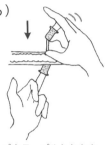

❶フープにキルトを張り、少したるませます。小物の場合はフープなしでも大丈夫です。

❷フープをテーブルとおなかで固定し、中心から外に向かって刺します。布に対して直角に針を入れるのが基本です。指にはめるシンブルは好みのものを使いましょう。

❸受け手のシンブルで押し上げてすくいます。3、4針すくって糸を引き抜くことを繰り返します。細かい針目のほうがきれいですが、まずは針目の大きさをそろえることが大切です。ピースの接ぎ目やアップリケのきわに刺すことを落としキルティングと言います。

仕立てる　仕立て方はさまざま。各ページに詳しい仕立て方を掲載しています。

仕立てによく使う基本の縫い方

千鳥がけ

ファスナーテープの端を押さえます。

星止め

ファスナーを付けるときの目立たない縫い方です。

巻きかがり

中表に合わせてぐるぐると縫います。

コの字とじ

外表に端と端を突き合わせ左右を交互にすくいます。

返し縫い

手縫いで仕立てるときに丈夫に仕上がります。

パイピングで口を始末する場合

❶口の周囲、または縫い代にバイヤステープを中表に重ねて縫います。

❷テープを表に折り返して縫い代をくるんで縫い目のきわにまつります。

バイヤステープの作り方

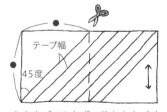
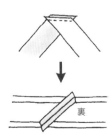

布を広げて1本ずつ裁ちます。2本をつなぐときは、中表に重ねて布端の谷から谷まで細かく縫います。広げて飛び出した縫い代をカット。

83

How to make
作品の作り方

- 図中の数字の単位はcmです。
- 構成図・型紙の寸法には、特に表示のない限りは縫い代を含みません。通常、ピーシングは0.7cm、アップリケは0.5cm、仕立ては1cmくらいを目安に縫い代を付けます。裁ち切りと表示のある場合は、縫い代込みの寸法なので表示の寸法通りに布を裁ちます。
- 指示のない点線はキルティングラインを示しています。
- キルティングをすると縮むので、周囲の縫い代を余分に付けておき、キルティング後に寸法通りにカットするとよいでしょう。作品の出来上がりは、図の寸法と多少差の出ることがあります。
- 刺しゅうの刺し方は80ページ参照。

1 大柄を楽しむサイズのシンプルポーチ

ストラップ
14×23cm
デザイン／石川さちこ

材料
本体A用布35×15cm　本体B用布、本体C用布 各15×15cm　本体D用布（幅2.5cmパイピング用バイヤステープ55cm分含む）40×40cm　本体E用布30×10cm　底布20×15cm　両面接着キルト綿、裏打ち布、中袋各30×40cm　長さ22cmファスナー1本　幅0.7cmDかん1個　幅0.6cmループ用テープ5cm　カニかん付き長さ8cmストラップ1本

作り方のポイント
- 布の柄を生かして作る。

作り方
1. ピーシングをしてトップをまとめる。
2. 裏打ち布、両面接着キルト綿にトップを重ねてはり、キルティングする。
3. 本体を中表に二つ折りし、ループをはさんで両脇とマチを縫う。
4. 中袋を本体同様に縫う。
5. 本体と中袋を外表に合わせ、口をパイピングで始末する。
6. 口にファスナーを縫い付ける。
7. ストラップを付ける。

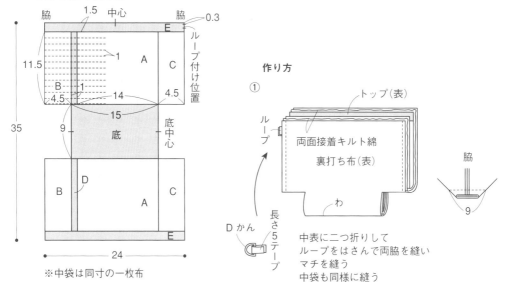

本体と中袋を外表に合わせて口の縫い代を0.5cmにカットし、口をパイピングで始末する

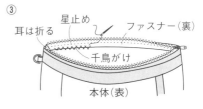

本体の口にファスナーを縫い付ける

2 ワンランクアップのシェル形ポーチ

9.5×15.5cm
デザイン／佐々木文子
●実物大型紙86ページ

材料
ピーシング用布各種　底用布(ピーシング、幅3.5cmパイピング用バイヤステープ60cm分含む)35×30cm　接着キルト綿、裏打ち布、中袋用布各25×30cm　幅3cmパイピングテープ用バイヤステープ60cm　長さ20cmファスナー1本　直径0.2cmひも60cm

作り方のポイント
●中袋を内側に縫い付けるときに、本体と中袋のマチの縫い代同士を中とじする。

作り方
1　ピーシングをして本体のトップをまとめる。
2　トップに接着キルト綿をはり、裏打ち布に重ねてしつけをかけてキルティングする。
3　パイピングテープを作る。
4　本体にパイピングテープを仮留めし、パイピングで始末する。
5　本体の脇を縫い、マチを縫う。
6　中袋を本体同様に縫う。
7　口にファスナーを縫い付け、中袋をまつり付ける。

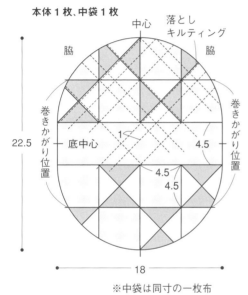

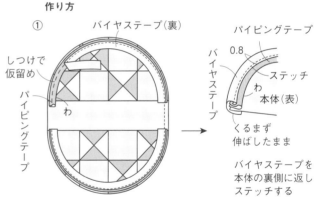

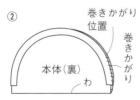

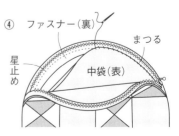

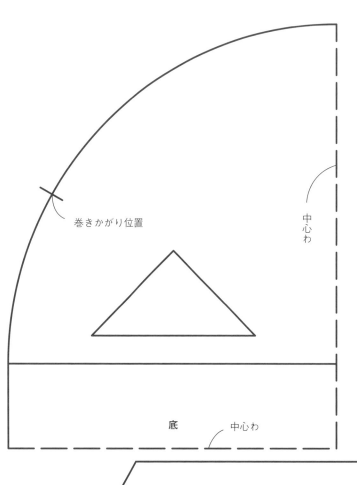

実物大型紙

作り方 85 ページ
2 ワンランクアップのシェル形ポーチ

巻きかがり位置

中心わ

底　中心わ

実物大型紙

作り方 37 ページ　19 ヘキサゴンきんちゃく

3 持ち手付きで便利なビッグポーチ

15×23cm
デザイン／原泰子

材料
本体A用布85×20cm　本体B用布(持ち手、タブ分含む)100×15cm　裏布(内ポケット、幅3.5cm縫い代始末用テープ90cm分含む)110×30cm　接着キルト綿90×30cm　長さ39cmファスナー1本

作り方のポイント
●フリースタイルファスナーを使うとよい。

作り方
1　ピーシングをして本体のトップをまとめる。
2　トップに接着キルト綿をはり、キルティングする。
3　内ポケットを作り、裏布に付ける。
4　本体と裏布を中表に合わせ、ファスナーをはさんで口を縫い、表に返してステッチをする。
5　本体同士、裏布同士をそれぞれ中表に合わせて底を縫い、裏布を表に返して本体に重ねる。
6　持ち手とタブを作る。
7　タブをはさんでマチを縫う。
8　持ち手をはさんで脇を縫う。

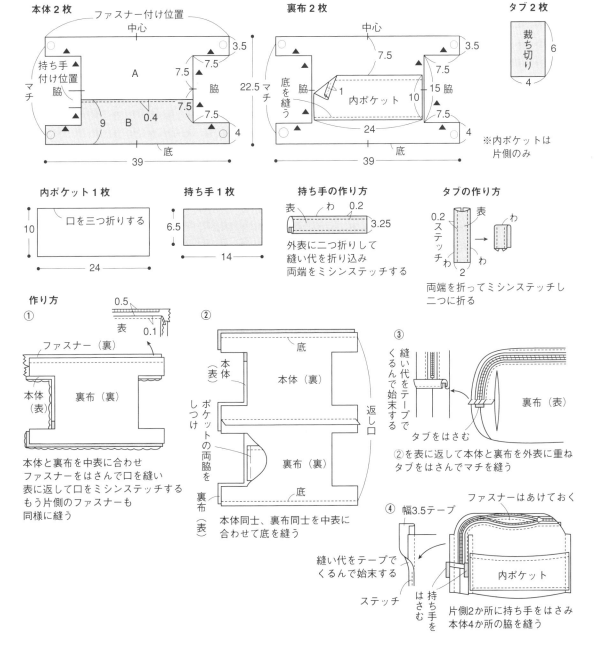

4 ファスナーマチがポイントのペンケース

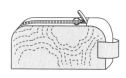

9×20cm
デザイン／細尾典子
●実物大型紙89ページ

材料
本体用布(持ち手分含む) 30×30cm　マチ用布(ファスナーマチ、持ち手裏布分含む) 25×25cm　裏布(内ポケット分含む) 55×30cm　接着キルト綿 25×25cm　接着芯 25×15cm　長さ20cmファスナー1本　幅1cmループ用リボン 15cm

作り方のポイント
● 縫い代は1cm付ける。
● 持ち手、マチ、ファスナーマチは接着芯をはる。

作り方
1 本体に接着キルト綿をはり、キルティングする。
2 内ポケットを作り、裏布に縫い付ける。
3 本体と裏布を中表に合わせ、返し口を残して周囲を縫い、表に返す。
4 ファスナーマチとマチA・Bを作る。
5 マチA・Bでファスナーマチをはさみ、ループをはさんで縫う。
6 本体とマチを中表に合わせ、巻きかがりで縫い合わせる。
7 持ち手を作り、本体に縫い付ける。

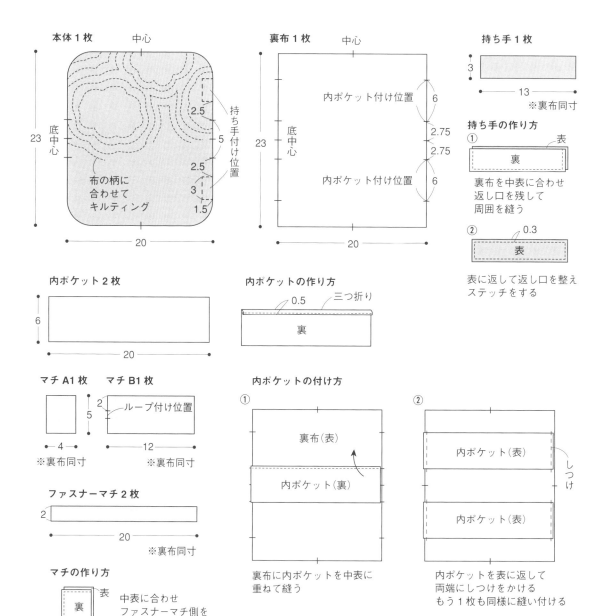

本体の作り方

① 本体と裏布を中表に合わせて返し口を残して周囲を縫い裏布の余分な縫い代をカットして表に返す

② 表に返して返し口をまつる

角のカーブ　実物大型紙

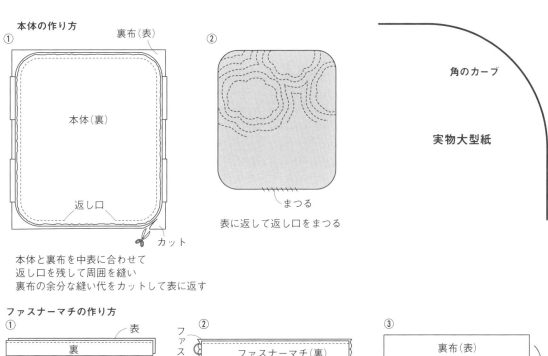

ファスナーマチの作り方

① 裏布と中表に合わせて縫う

② ファスナーとファスナーマチを中表に合わせて縫う

③ ファスナーマチを返してステッチで押さえる

④ 裏布を返し、縫い代を折り込んでファスナーにまつる　もう片方も同様に付ける

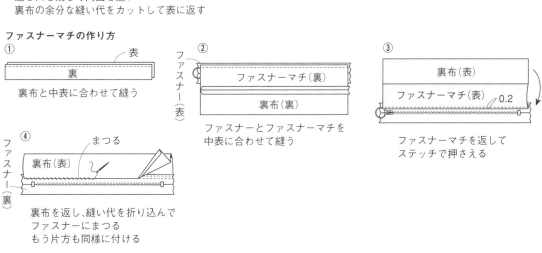

マチのまとめ方

ファスナーマチの端をマチではさんで縫う
マチB側は二つ折りしたループをはさむ

作り方

① 本体とマチを中表に合わせ表布のみをすくって巻きかがりをする

② 本体に持ち手をまつり付ける

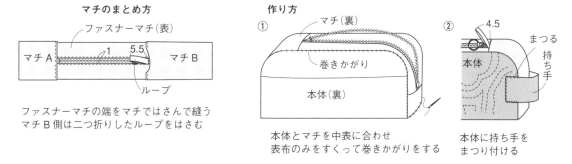

6 オレンジピールの馬蹄形ポーチ

12×9cm
デザイン／早崎麻利子
●実物大型紙91ページ

材料
アップリケ用布各種　本体用布（持ち手分含む）30×20cm　裏布25×20cm　接着キルト綿25×15cm　幅1cmループ用テープ5cm　長さ10cmファスナー1本　幅1.5cmDかん1個　幅1.1cmナスかん2個　直径0.5cmカシメ2組　両面接着シート適宜

作り方のポイント
● カシメの付け方は39ページ参照。
● アップリケは両面接着シートをはった布をカットし、本体にアイロンで接着する。
● 本体を巻きかがりで縫い合わせるときは、表布のみをすくう。

作り方
1 アップリケをしてトップをまとめる。
2 トップに裁ち切りの接着キルト綿をはり、キルティングする。
3 裏布を作る。
4 本体と裏布を中表に合わせ、ループをはさんで周囲を縫う。
5 本体に合わせて裏布をカットし、表に返して返し口をとじる。
6 本体を中表に二つ折りし、巻きかがりで縫い合わせる。
7 口にファスナーを縫い付ける。
8 持ち手を作り、付ける。

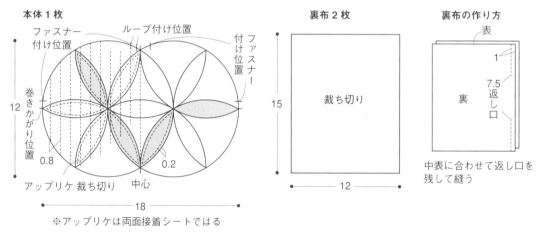

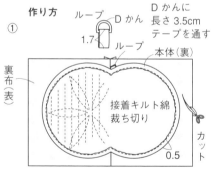

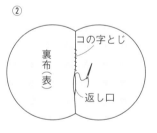

表に返して返し口をとじる

本体を中表に二つ折りし底から巻きかがり位置まで巻きかがりで縫い合わせる

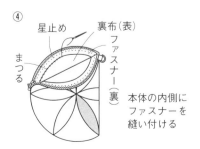

四つ折りして縫う

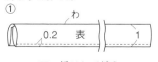

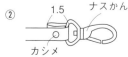

持ち手の先端にナスかんを通してカシメで止める

実物大型紙

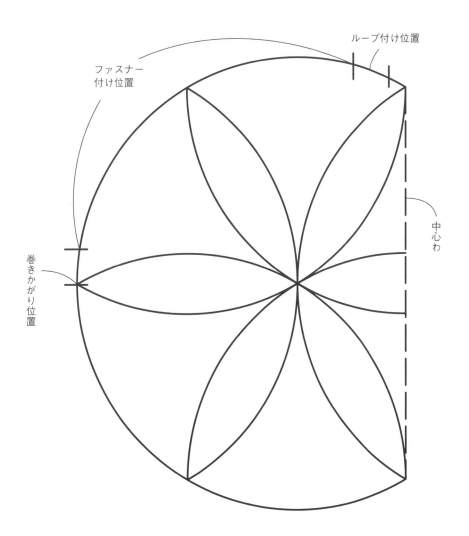

8 ふた付きコイン＆カードケース

8.5×12cm
デザイン／細尾典子
●実物大型紙93ページ

材料
本体用布35×15cm　ふた用布、接着キルト綿各15×10cm　裏布（ポケット分含む）50×20cm　ストラップ用布（ループ分含む）40×5cm　直径1cm縫い付けマグネットボタン1組　直径1.8cm二重リング、幅1cmナスかん各1個

作り方のポイント
●ふたの表布と裏布を中表に合わせて縫うときは印から印まで縫う。
●縫い代は0.7cm付ける。

作り方
1. ふたを作る。
2. 本体前を作る。
3. ループを作る。
4. 本体後ろA・Bにファスナーを付け、ポケットとループを重ねてしつけをかける。
5. 本体後ろにふたを縫い付ける。
6. 本体前と本体後ろを中表に合わせ、裏布を中表に重ねて周囲を縫う。
7. 表に返してふた裏布を本体後ろの裏布にまつる。
8. マグネットボタンを縫い付ける。
9. ストラップを作り、付ける。

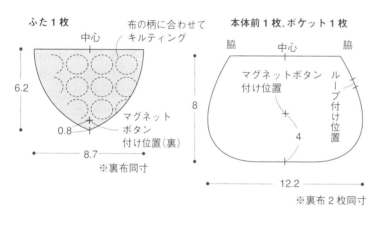

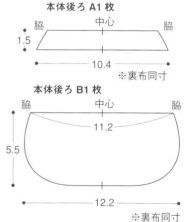

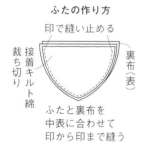

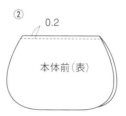

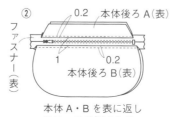

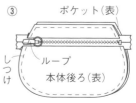

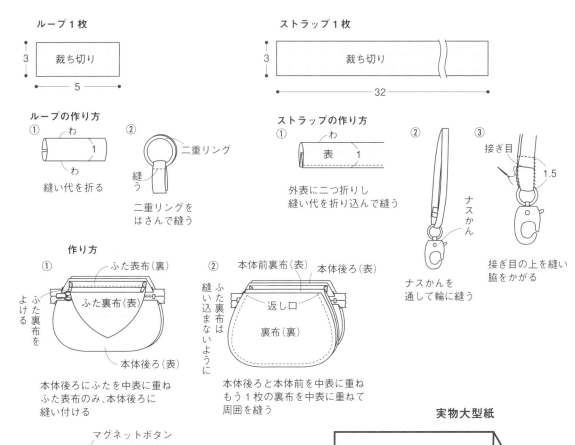

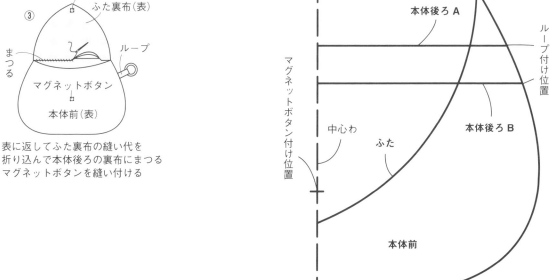

9 どっちもファスナーのダブルポケットポーチ

9×12cm
デザイン／細尾典子
●実物大型紙95ページ

材料
本体、パイピング、ループ用布適宜　接着キルト綿30×15cm　裏打ち布(仕切り分含む)30×25cm　長さ12cmファスナー2本

作り方のポイント
●本体の図の寸法は裁ち切り。
●本体はプレスキルトで作る。自由な幅でプレスキルトをしてもよい。
●バイヤステープは幅3.5×長さ15cmを4本、幅4×長さ7cmを2本カットする。

作り方
1 プレスキルトをして本体を作る。
2 キルティングをする。
3 本体に二つ折りにした仕切りを重ねて縫う。
4 本体の上下4か所をパイピングで始末する。
5 ファスナーを縫い付ける。
6 ループを作る。
7 本体にループを仮留めし、両脇をパイピングで始末する。

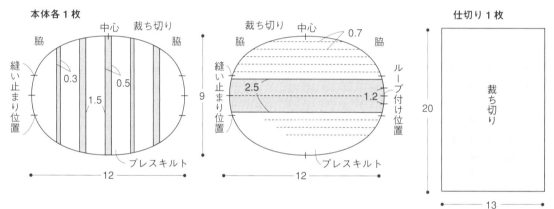

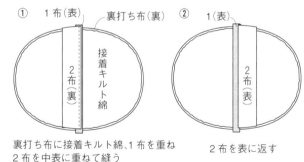

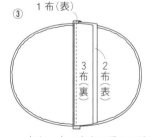

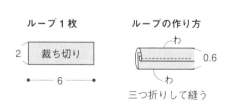

作り方

①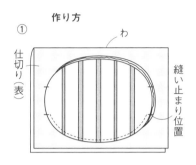

仕切りを外表に二つ折りし
本体を1枚重ねて1か所縫う

②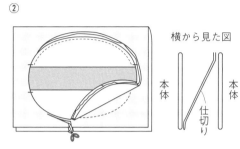

①を裏返し、もう1枚の本体を
重ねて①とは逆側の1か所を縫い
本体の形に沿って仕切りをカットする

③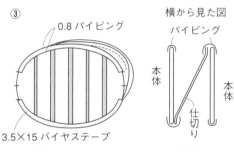

本体の上下4か所をパイピングで始末する

④

本体の口の内側2か所に
ファスナーを付ける

⑤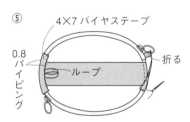

両脇をパイピングで始末する
片側はループをはさむ

実物大型紙

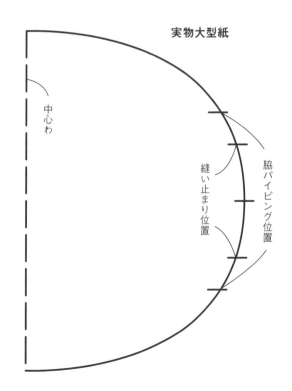

12 紙風船みたいなふんわりきんちゃく

大10×11cm
小9.5×10cm
デザイン／佐藤なを美

●実物大型紙97ページ

材料
ピーシング、ひも飾り、つつみボタン用布各種 中袋用布60×20cm（小は50×20cm） ひも通し用布20×15cm 幅0.5cmリボン100cm 直径2.4cmつつみボタン1個 25番刺しゅう糸、両面接着シート各適宜

作り方のポイント
● 本体を接ぐときは、合印を合わせる。
● ひも飾りは四角や三角など、好みの形にカットする。

作り方
1 ピーシングをして本体をまとめる。
2 中袋を本体同様に縫う。
3 つつみボタンを作る。
4 本体の底をぐし縫いして引き絞り、つつみボタンをかぶせてまつる。
5 ひも通しを作る。
6 本体の口にひも通しを仮留めする。
7 本体に中表に中袋を合わせて口を縫う。
8 表に返し、中袋の底をぐし縫いして引き絞る。
9 リボンを通し、先端にひも飾りを付ける。

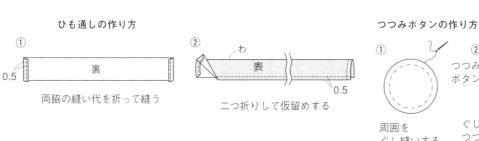

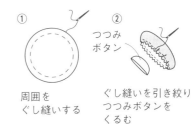

ひも通しの作り方

つつみボタンの作り方

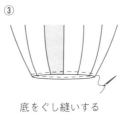

本体の作り方

作り方

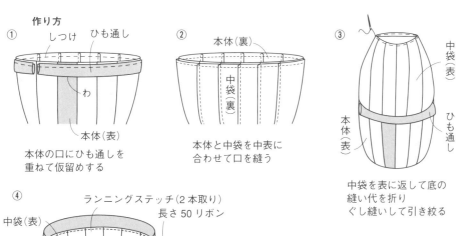

① 本体の口にひも通しを重ねて仮留めする

② 本体と中袋を中表に合わせて口を縫う

③ 中袋を表に返して底の縫い代を折りぐし縫いして引き絞る

④ 中袋を本体の中に入れて整えひも通しの下をステッチしリボンを通してひも飾りを付ける

ひも飾り 2枚

※両面接着シートをはる
※上をピンキングバサミでカットする

ひも飾りの作り方

① リボンの先端をはさんで二つ折りし、アイロンで接着する

② 好みの形にピンキングバサミでカットし、ステッチする

実物大型紙

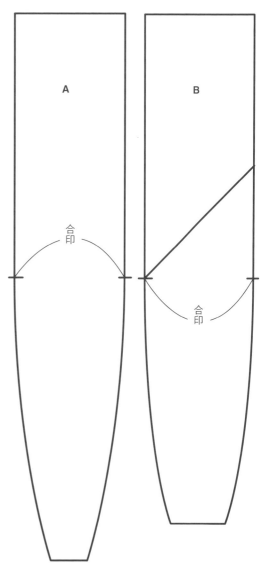

13 ジグザグ三角のミニポーチ

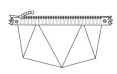

8×15.5cm
デザイン／佐々尾真澄

材料
本体用布各種　中袋用布、キルト綿各40×15cm　長さ18cmファスナー1本　直径0.6cmボタン4個　25番刺しゅう糸適宜

作り方のポイント
●底の角が中心になるように中袋を合わせ、ファスナーを付ける。

作り方
1　ピーシングをしてトップをまとめる。
2　キルト綿にトップを重ね、しつけをかけてキルティングする。
3　中袋を作る。
4　本体と中袋を中表に重ね、口を縫う。
5　表に返して返し口をとじ、口をステッチで押さえる。
6　口にファスナーを縫い付け、ボタンを付ける。

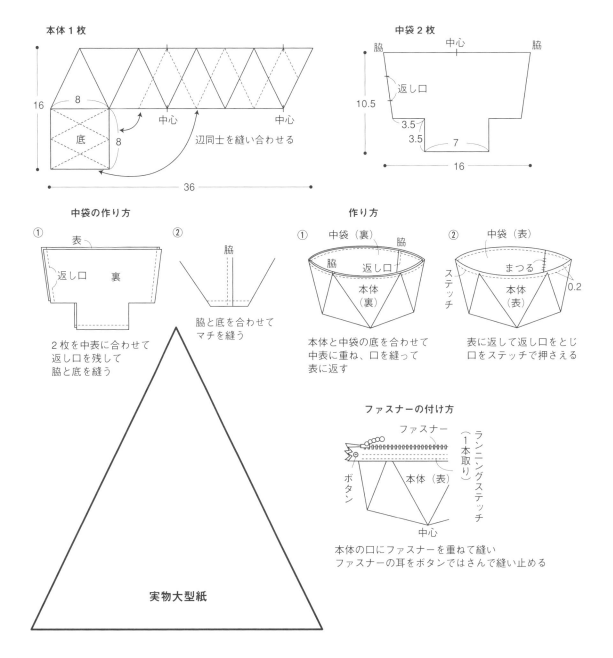

14 ミニミニキャンディーポーチ

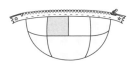

5×10cm
デザイン／佐々尾真澄

材料
本体用布 各種　中袋用布30×10cm　長さ12cmファスナー1本　幅0.5cmボタン4個　幅0.5cmポンポン付き糸20cm　25番刺しゅう糸適宜

作り方のポイント
●ポンポン付き糸はところどころを縫い止める。

作り方
1 ピーシングをして本体をまとめる。
2 本体4枚を接ぎ合わせて刺しゅうをする。
3 中袋を返し口を残して本体同様に縫う。
4 本体と中袋を中表に合わせて口を縫う。
5 表に返して返し口をとじ、口をステッチで押さえる。
6 口にファスナーを縫い付け、ボタンを付ける。
7 ポンポン付き糸を縫い付ける。

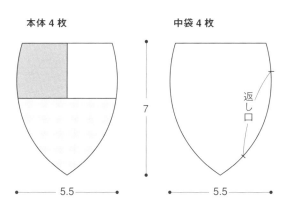

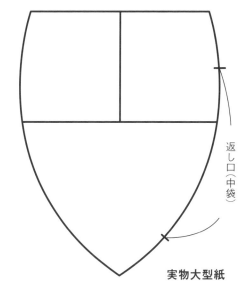

実物大型紙

本体と中袋の作り方

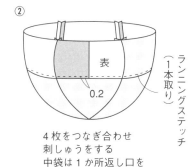

作り方

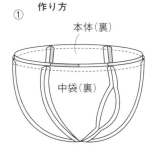

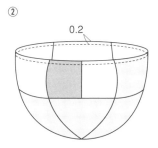

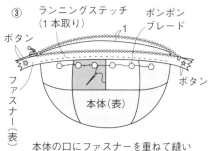

15 四角つなぎのぺたんこポーチ

11.5×18cm
デザイン／佐々木文子

材料
ピーシング用布各種　本体後ろ用布25×15cm
接着キルト綿、裏打ち布、中袋用布各45×15cm
幅3.5cmパイピング用バイヤステープ40cm　長さ18cmファスナー1本　直径0.5cmボタン8個

作り方のポイント
●ファスナーの上耳は折っておき、パイピングより下げて付け始める。

作り方
1　ピーシングをして本体前のトップをまとめる。本体後ろのトップは一枚布。
2　トップに接着キルト綿をはり、裏打ち布に重ねてしつけをかけてキルティングする。
3　本体前にボタンを付ける。
4　本体前と後ろを中表に合わせて縫う。
5　中袋を本体同様に縫う。
6　本体の口をパイピングで始末する。
7　口にファスナーを縫い付ける。
8　本体の内側に中袋をまつり付ける。

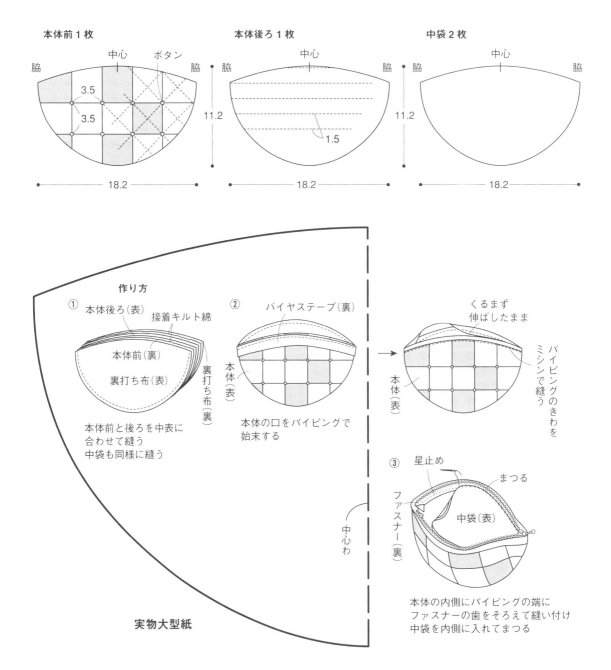

16 ほっこりミニバッグ風ポーチ

6×13.5cm
デザイン／渡辺美江子

材料
本体用布9種各10×10cm　接着キルト綿、裏打ち布各15×15cm　幅3.5cmパイピング用・縫い代始末用バイヤステープ65cm　長さ16cmファスナー1本　幅1cm持ち手用テープ35cm　ファスナー飾り1個　直径0.1cmひも15cm　直径0.6cmカシメ4組

作り方のポイント
● 周囲の縫い代は1cm付ける。
● カシメの付け方は39ページ参照。

作り方
1　ピーシングをしてトップをまとめる。
2　トップに接着キルト綿をはり、裏打ち布に重ねてしつけをかけてキルティングする。
3　周囲をパイピングで始末する。
4　口にファスナーを縫い付ける。
5　中表に合わせて脇を巻きかがりし、マチを縫う。
6　持ち手をカシメで付けて、ファスナー飾りを付ける。

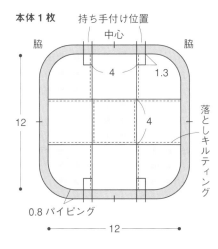

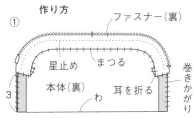

ファスナーと本体の中心、パイピングの端とファスナーの歯を合わせてファスナーを縫い付け、中表に合わせて脇を巻きかがりでとじる

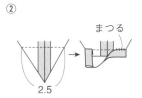

マチを縫い、余分な縫い代をカットして縫い代をバイヤステープでくるんで始末する

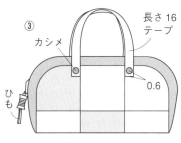

カシメで持ち手を付け、ひもで好みのファスナー飾りを付ける

実物大型紙

角のカーブ

17 プリントで遊ぶポーチ

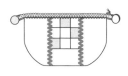

12.5×19cm
デザイン／小原智佐子

材料
ピーシング、つつみボタン用布各種　本体用布50×15cm　キルト綿、裏打ち布各50×15cm　幅3.5cmパイピング用バイヤステープ45cm　幅0.7cmじゃばらテープ60cm　長さ22cmファスナー1本　直径2cmつつみボタン4個　25番刺しゅう糸適宜

作り方のポイント
●裏打ち布1枚のみ、縫い代を2cmほどとっておき、縫い代をくるんで始末する。

作り方
1 ピーシングをして本体のトップをまとめる。
2 裏打ち布、キルト綿にトップを重ね、しつけをかけてキルティングする。
3 じゃばらテープを付ける。
4 本体2枚を中表に合わせて縫い、縫い代を裏打ち布でくるんで始末する。
5 口をパイピングで始末する。
6 口にファスナーを縫い付ける。
7 つつみボタンを作り、ファスナーの両端をはさんでまつる。

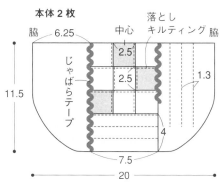

つつみボタン用布4枚

裁ち切り

つつみボタンの作り方
① 周囲をぐし縫いする
② ぐし縫いを引き絞りつつみボタンをくるむ

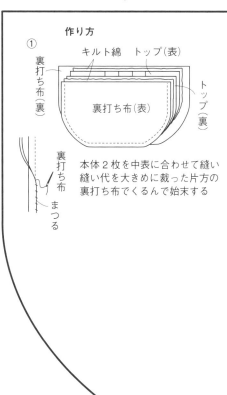

① キルト綿　トップ(表)　裏打ち布(裏)　裏打ち布(表)　トップ(裏)
本体2枚を中表に合わせて縫い縫い代を大きめに裁った片方の裏打ち布でくるんで始末する
裏打ち布　まつる

② バイヤステープ(裏)　まつる　本体(表)
口をパイピングで始末する

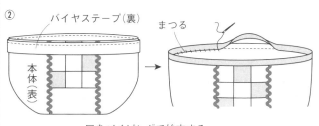

③ ファスナー(表)　つつみボタン　2枚ではさんでまつる　星止め　ヘリンボーンステッチ(2本取り)　パイピングとファスナーテープの端を合わせる

本体の口にファスナーを重ねさらに上からヘリンボーンステッチをするファスナーの端をつつみボタンではさんでまつる

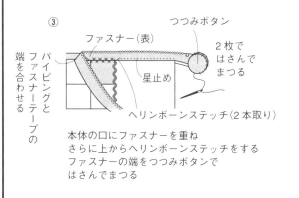

実物大型紙

20 ヘキサゴンのキャンディーポーチ

9.5×13cm
デザイン／長谷川直美

材料
ピーシング用布各種　持ち手用布(タブ、ヨーヨーキルト、幅3.5cmパイピング用・縫い代始末用バイヤステープ100cm分含む)40×20cm　キルト綿、裏打ち布各30×35cm　長さ18cmファスナー1本

作り方のポイント
●本体の図の寸法は裁ち切り。ヘキサゴンを多めに接ぎ合わせて本体を切り出す。

作り方
1　ピーシングをして本体のトップをまとめる。
2　裏打ち布、キルト綿にトップを重ね、しつけをかけてキルティングする。
3　本体の口をパイピングで始末する。
4　口にファスナーを縫い付ける。
5　ファスナーを中心に本体をたたんで両脇を縫い、縫い代をバイヤステープでくるんで始末する。
6　マチを縫い、縫い代をバイヤステープでくるんで始末する。
7　持ち手とヨーヨーキルトを作る。
8　本体に持ち手とヨーヨーキルトを付ける。

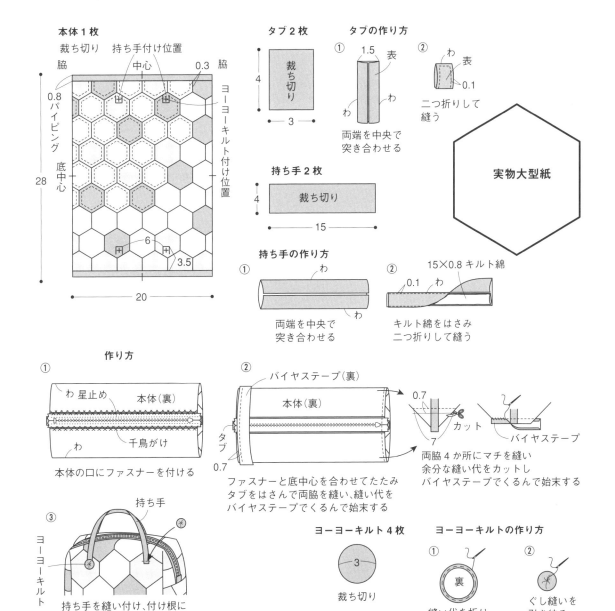

18 さわやか夏色ポーチ

9×21cm
デザイン／原泰子

材料
ピーシング用布各種　持ち手用布(タブ分含む) 30×20cm　中袋用布(幅3.5cm縫い代始末用バイヤステープ55cm分含む) 45×35cm　接着キルト綿35×35cm　長さ28cmファスナー1本

作り方のポイント
●本体の図の寸法は裁ち切り。ファスナーを付けるときは0.7cm、そのほかは1cmの縫い代で縫う。

作り方
1　ピーシングをして本体のトップをまとめる。
2　トップに接着キルト綿をはり、キルティングしてから本体の形にカットする。
3　持ち手とタブを作る。
4　本体と中袋を中表に合わせ、ファスナーをはさんで縫う。
5　本体に持ち手を縫い付ける。
6　本体同士、中袋同士を中表に合わせて底を縫う。
7　脇を合わせてタブをはさんでバイヤステープを重ねて縫い、縫い代を始末する。
8　マチをたたんでバイヤステープを重ねて縫い、縫い代を始末する。

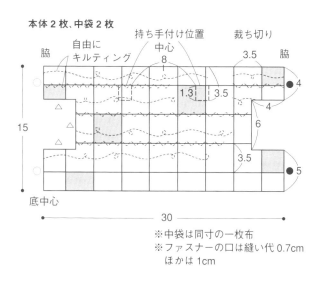

※中袋は同寸の一枚布
※ファスナーの口は縫い代0.7cm ほかは1cm

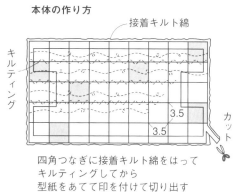

四角つなぎに接着キルト綿をはって
キルティングしてから
型紙をあてて印を付けて切り出す

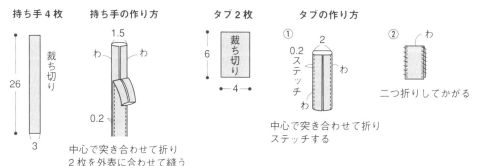

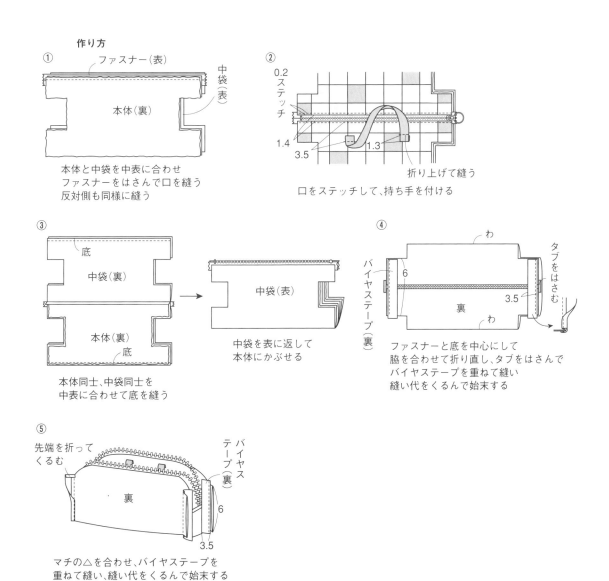

21 くまくまのポーチ

15.5×12.5cm
デザイン／大音和江
●実物大型紙107ページ

材料
本体用布、裏布各30×20cm　長さ12cmファスナー1本　直径1.3cmボタン2個　25番刺しゅう糸適宜

作り方のポイント
●縫い代は0.5cmにカットし、耳に切り込みを入れる。

作り方
1　本体前に刺しゅうをする。
2　本体前と裏布を合わせてファスナーを縫い付ける。
3　本体後ろと裏布を外表に合わせる。
4　本体前と後ろを中表に合わせて周囲を縫う。
5　表に返し、周囲にステッチをして刺しゅうをする。
6　ボタンを付ける。

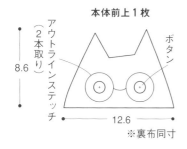

本体前上1枚
アウトラインステッチ（2本取り）
8.6
ボタン
12.6
※裏布同寸

本体前下1枚
6.4
12.8
※裏布同寸

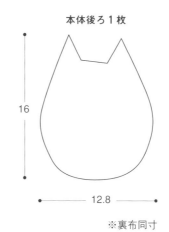

本体後ろ1枚
16
12.8
※裏布同寸

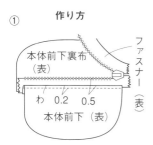

① 作り方
本体前下裏布（表）
ファスナー
わ　0.2　0.5
本体前下（表）

本体前の縫い代を折り
裏布を重ねてファスナーをはさみ
口を縫って裏布を表に返す
もう片側のファスナーも同様に縫う

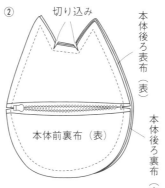

②　切り込み
本体後ろ表布（表）
本体前裏布（表）
本体後ろ裏布（裏）

本体後ろに裏布を外表に重ね
本体前と後ろを中表に合わせ
ファスナーをあけて周囲をぐるりと縫う

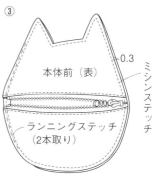

③
本体前（表）
0.3
ミシンステッチ
ランニングステッチ（2本取り）

ファスナーあきから表に返し
周囲にミシンステッチし
上に刺しゅうをする

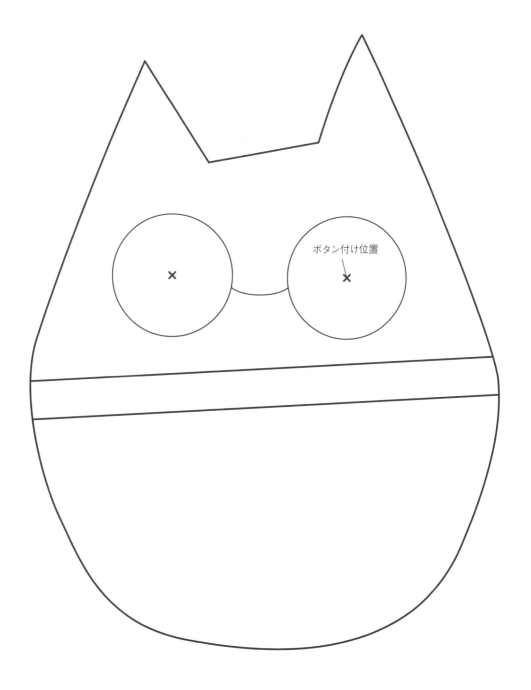

22 たれ耳わんこのポーチ

11×17cm
デザイン／大音和江
●実物大型紙109ページ

材料
本体用布(耳分含む)、裏布各60×20cm　長さ12cmファスナー1本　直径2cmボタン2個　直径1cmボタン1個　25番刺しゅう糸適宜

作り方のポイント
●本体前と後ろを中表に合わせて周囲を縫うとき、ファスナーはあけておく。
●縫い代は0.5cmにカットする。

作り方
1 本体前に刺しゅうをする。
2 本体後ろと裏布を合わせてファスナーを縫い付ける。
3 耳を作る。
4 本体前に裏布を重ね、本体後ろと中表に合わせて耳をはさんで周囲を縫う。
5 表に返して周囲をステッチで押さえる。
6 ボタンを付ける。

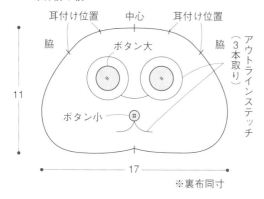

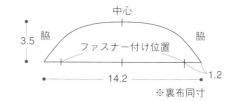

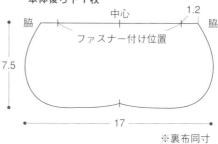

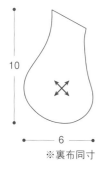

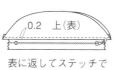

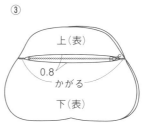

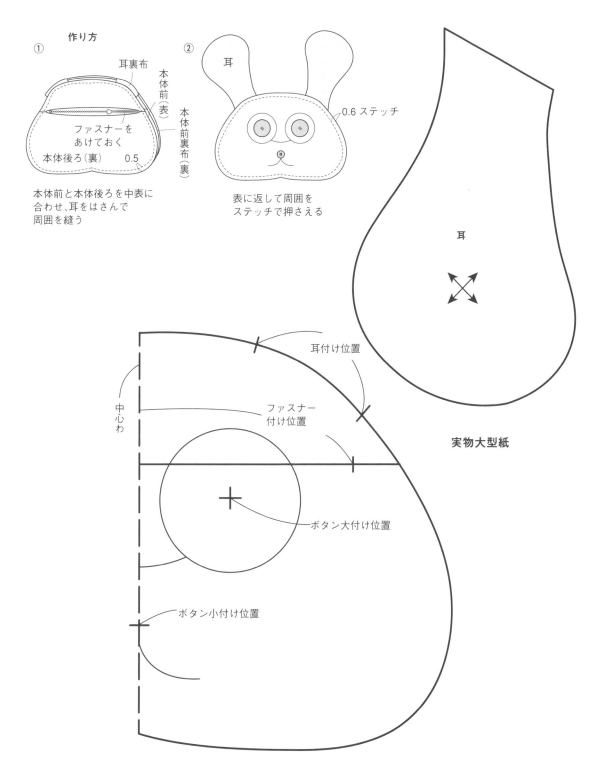

24 かえるコインケース

12.5×15cm
デザイン／菅原由恵
●実物大型紙111ページ

材料
本体用布、裏布 各35×15cm　口用布25×10cm　長さ10cmばね口金1本　フェルト（アイロン接着フェルト）適宜

作り方のポイント
● 作り方は43ページのダックコインケースと同じ。
● 本体前裏布にも口に切り込みを入れる。

作り方
1　口を作る。
2　本体前の口付け位置に切り込みを入れ、口を重ねて仮留めする。
3　本体前と裏布を中表に合わせて口を縫い、口から表に返す。
4　本体後ろに裏布を重ね、3と中表に合わせて周囲を縫い、口から表に返す。
5　目、鼻、ほほをフェルトではり、口金を通す。

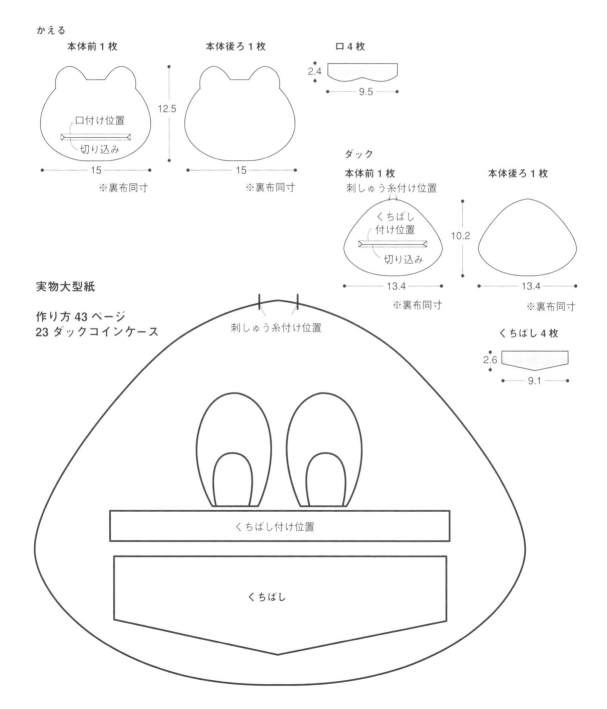

実物大型紙

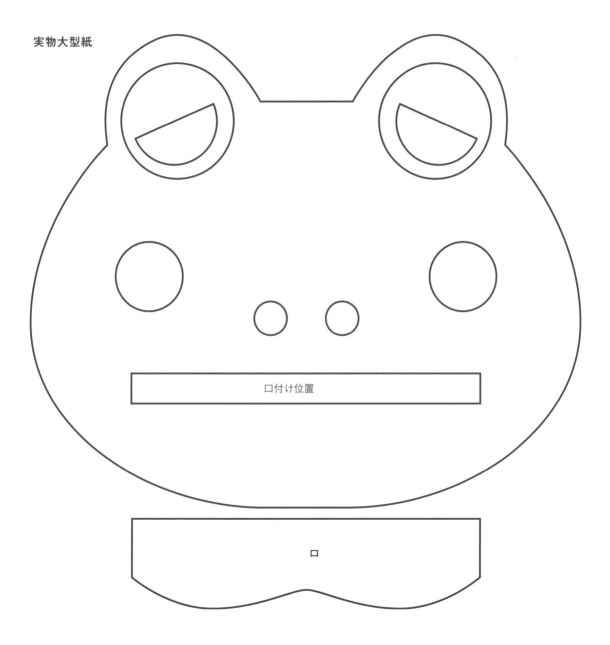

25 いぬとねこのコインケース

8.5×8.5cm
デザイン／堀川澄江
●実物大型紙113ページ

材料
本体用布20×15cm　アップリケ用布（ねこはしっぽ分含む）15×15cm　裏布20×20cm　接着キルト綿30×15cm　直径0.2cmビーズ2個　ねこ耳用合皮スエード、犬耳・しっぽ用フェルト、犬首輪用布、25番刺しゅう糸各適宜

作り方のポイント
● ねこの耳、犬の耳としっぽは裁ち切り。はさみ込む部分にだけ縫い代を付けておく。
● 首輪のチャームは好みで付ける。
● 刺しゅうは1本取りで刺す。
● 目はビーズでも刺しゅうでもよい。

作り方
1　ねこのしっぽを作る。
2　耳としっぽをはさみながらアップリケと刺しゅうをし、本体のトップをまとめる。
3　本体に裁ち切りの接着キルト綿をはり、キルティングする。
4　裏布を作る。
5　本体を中表に合わせて底を縫う。
6　口にファスナーを縫い付ける。
7　裏布を合わせてまつり、仕切り部分を縫い付ける。

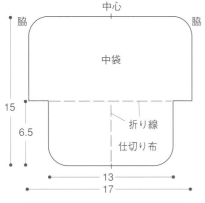

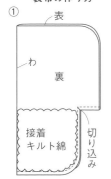

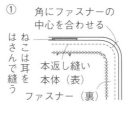

作り方　　　　　　　　　　　　　　　　　実物大型紙

①
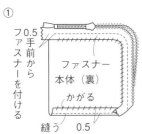
中表に合わせて底を縫い
縫い代を片倒しにしてかがり
口にファスナーを付ける

②
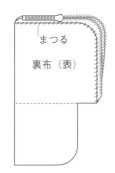
裏布を本体にかぶせ
ファスナーにまつる

③

仕切り部分を折り上げて
裏布に重ね、輪側をコの字とじ
で縫い付ける

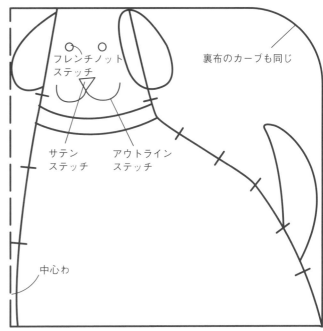

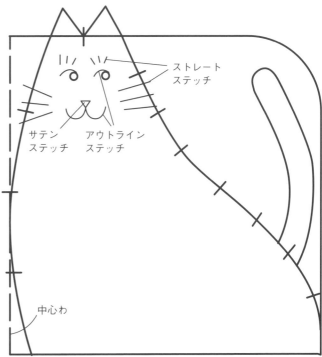

113

26 ポップなおすましバッグのポーチ

13×16cm
デザイン／武石正子
●実物大型紙116ページ

材料
ふた用布（ふた裏布分含む）30×15cm　本体用布、中袋用布各20×30cm　キルト綿35×30cm　持ち手用布（くるみスナップボタン用布分含む）20×10cm　直径1.5cmスナップボタン1組　接着芯、じゃばらテープ、ボタン各適宜

作り方のポイント
●くるみスナップボタンの作り方は123ページ参照。
●ふたの装飾は好みでアレンジする。

作り方
1. ふたと裏布を中表に合わせ、キルト綿を重ねて周囲を縫い、表に返す。
2. 本体にキルト綿を重ね、中表に二つ折りして両脇を縫う。
3. 中袋は脇に返し口を残し、本体同様に縫う。
4. 持ち手を作る。
5. 本体後ろに持ち手とふたをしつけで仮留めする。
6. 本体と中袋を中表に合わせて口を縫う。
7. 表に返して返し口をとじ、星止めする。
8. スナップボタンを作って付け、ボタンを付ける。

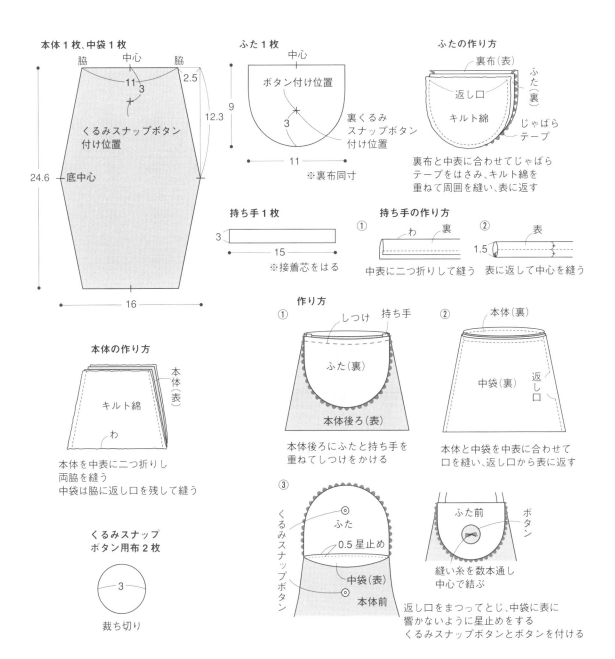

27 キュートなブラウスポーチ

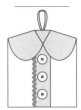

14×12.5cm
デザイン／武石正子
●実物大型紙116ページ

材料
本体用布、中袋用布各30×20cm　本体A用布10×20cm　衿用布20×20cm　キルト綿30×25cm　長さ12cmファスナー1本　幅0.7cmループ用テープ15cm　幅0.7cmじゃばらテープ20cm　ボタン適宜

作り方のポイント
● 本体後ろにファスナーを付けたとき、はみ出す切り込みの縫い代やファスナーはカットする。
● 衿の形や装飾は好みでアレンジする。

作り方
1　ピーシングをして本体前のトップをまとめる。本体後ろのトップは一枚布。
2　本体のトップにキルト綿を重ねてしつけをかけ、本体前はキルティングする。
3　じゃばらテープとボタンを付ける。
4　本体後ろに切り込みを入れ、ファスナーを重ねて縫う。
5　本体前と後ろを中表に合わせ、ループをはさんで縫う。
6　中袋を作る。
7　本体に中袋をかぶせ、まつり付ける。
8　衿を作り、本体前に付ける。

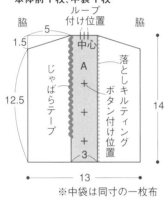

本体前1枚、中袋1枚
※中袋は同寸の一枚布

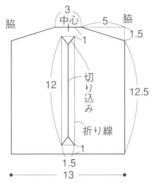

本体後ろ1枚、中袋1枚

衿左右対称各2枚

衿の作り方

① 2枚を中表に合わせキルト綿を重ねて返し口を残して周囲を縫う

② 表に返して返し口をとじる

本体後ろの作り方

切り込み部分のキルト綿はくり抜いておく

キルト綿を重ねてしつけをかけた後ろに、切り込みを入れて縫い代を裏側に折りファスナーを重ねて縫う

中袋の作り方

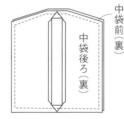

中袋前と切り込みを入れた中袋後ろを中表に重ねて周囲を縫い、表に返す

ファスナーの始末

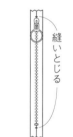

作り方

① 長さ11ループ用テープ
本体前と後ろを中表に合わせループをはさんで縫うこのときファスナーはあけておく

② ①に中袋をかぶせファスナーにまつる

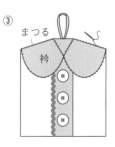

③ 表に返して本体前に衿を重ねてまつり付ける

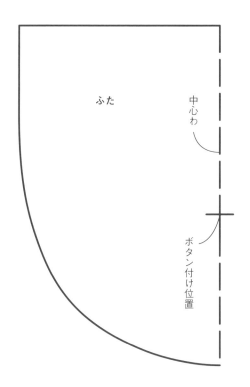

実物大型紙

**作り方 114 ページ
26 ポップなおすましバッグのポーチ**

ふた
中心わ
ボタン付け位置

**作り方 115 ページ
27 キュートなブラウスポーチ**

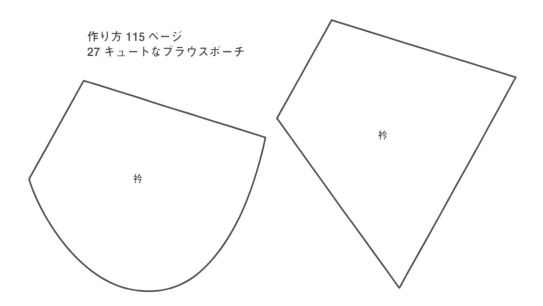

衿

衿

29 箱形ダブルファスナーのポーチ

13×15cm
デザイン／小島千珠子

材料
本体用布2種25×25cm　裏布2種（仕切り分含む）各30×35cm　長さ20cmファスナー2本

作り方のポイント
● 本体に接着芯をはってもよい。
● 裏布は本体ごとに別の布を使い、仕切りの布も裏布に1枚ずつ合わせるとよい。
● 本体2つを縫い合わせるときは、2つともファスナーをあけておく。

作り方
1 本体と仕切りをそれぞれ作る。
2 本体の片側にファスナーを付ける。
3 本体を中表にファスナーの端に合わせて折り、両脇を縫ってマチを縫う。
4 本体2つを中表に合わせ、ファスナーから本体をぐるりと縫う。
5 仕切りを合わせ、順番に縫って表に返す。

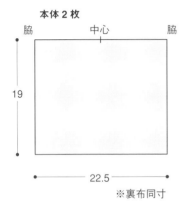

本体2枚
脇　中心　脇
19
22.5
※裏布同寸

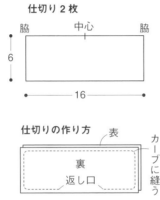

仕切り2枚
脇　中心　脇
6
16

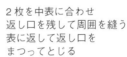

仕切りの作り方
表
裏
返し口
カーブに縫う

2枚を中表に合わせ
返し口を残して周囲を縫う
表に返して返し口を
まつってとじる

本体の作り方
本体（表）
裏布（裏）
返し口

本体と裏布を中表に合わせ
返し口を残して周囲を縫う
表に返して返し口を
まつってとじる

作り方

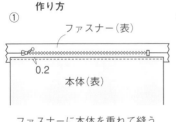

① ファスナー（表）
0.2
本体（表）

ファスナーに本体を重ねて縫う

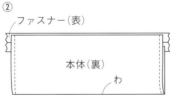

② ファスナー（表）
本体（裏）
わ

本体を中表に折り上げ
ファスナーに端をそろえて重ね
両脇を縫う

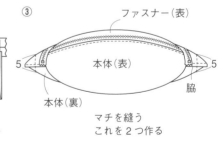

③ ファスナー（表）
5　本体（表）　5
本体（裏）　脇

マチを縫う
これを2つ作る

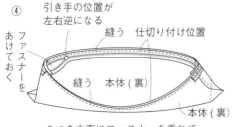

④ 引き手の位置が左右逆になる
縫う　仕切り付け位置
ファスナーをあけておく
縫う　本体（裏）
本体（裏）

2つを中表にファスナーを重ねて
中心と脇を合わせ、ファスナーから
本体をぐるりと縫う

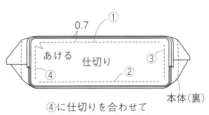

⑤
0.7
①
あける　仕切り　③
④　②
本体（裏）

④に仕切りを合わせて
番号順に縫い、表に返す

30 ぺたんこダブルファスナーのポーチ

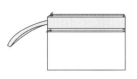

13.5×21cm
デザイン／佐々木文子

材料
本体前A用布25×5cm　本体前B用布（本体後ろ分含む）25×30cm　ポケット用布25×25cm　中袋用布25×35cm　持ち手用布20×20cm　長さ20cmファスナー2本　接着芯50×20cm

作り方のポイント
●縫い代は1cm付ける。

作り方
1　本体前A、本体前B、ポケット、中袋1枚とファスナーaとbを縫い合わせて本体前を作る。
2　本体後ろと中袋1枚でファスナーaをはさんで縫い、本体後ろを作る。
3　持ち手を作る。
4　本体前と本体後ろ、中袋同士をそれぞれ中表に合わせ、持ち手をはさんで中袋側に返し口を残して縫う。
5　表に返して返し口をとじる。

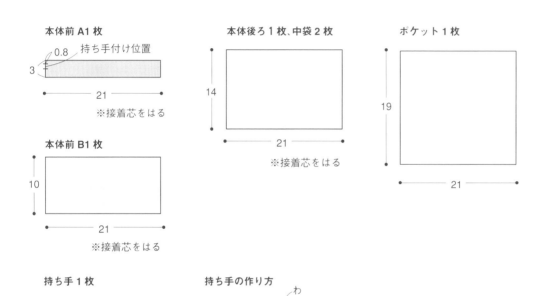

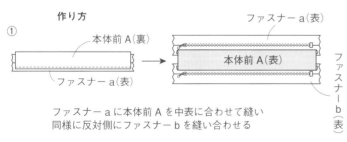

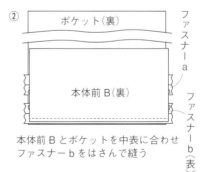

③

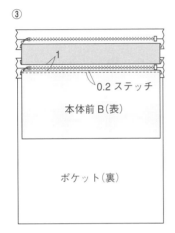

本体BとポケットをBに返して
ステッチで押さえる

④

ポケットを折り上げて
ファスナーbに重ね
本体前Aと一緒に
ステッチで押さえる

⑤

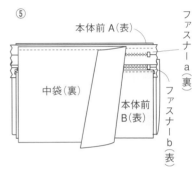

ファスナーaを本体前A側に折り返して
中表に合わせ、中袋を中表に重ねて縫い
折り返して表に返す

⑥

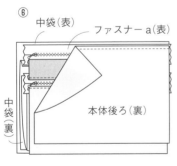

本体後ろと中袋を中表に合わせ
ファスナーaをはさんで縫う

⑦

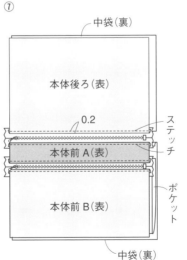

本体後ろと中袋を表に返して
ステッチで押さえる
本体前A側もステッチする

⑧

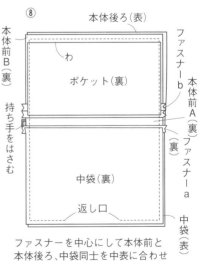

ファスナーを中心にして本体前と
本体後ろ、中袋同士を中表に合わせ
返し口を残して縫う
表に返して返し口をまつってとじる

119

32　5ポケットの通帳ケース

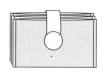

11×19cm
デザイン／細尾典子

材料
本体A〜C用布 各20×25cm　幅3.5cmパイピング用バイヤステープ3種各30cm　裏布60×25cm　ベルト用布15×10cm　丸飾り用布（当て布分含む）35×10cm　接着キルト綿15×10cm　直径1cm縫い付けマグネットボタン1組

作り方のポイント
●49ページの作り方を参考にするとよい。

作り方
1　本体と裏布を中表に合わせて縫い、本体を作る。
2　本体A〜Cを縫い合わせ位置で縫い、まとめる。
3　本体A〜Cの両脇をそれぞれ縫い、縫い代をパイピングで始末する。
4　丸飾りとベルトを作り、まとめる。
5　ベルトを本体にまつり付け、マグネットボタンを付ける。

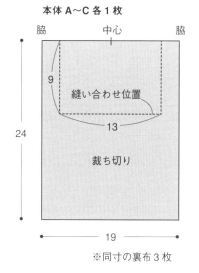

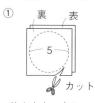

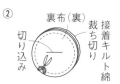

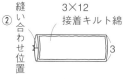

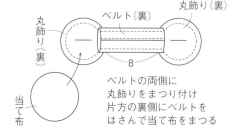

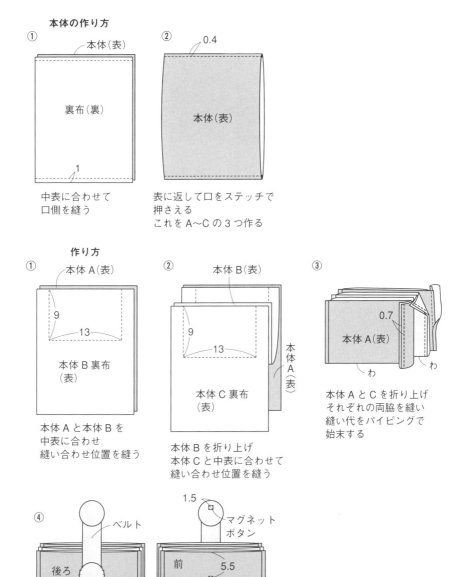

33 まとめて便利 文庫本カバー

17×12cm
デザイン／大塚昌代
●実物大型紙123ページ

材料
本体用布(ベルト、くるみスナップボタン用布分含む)、接着キルト綿各35×25cm　本体内布(ポケットA〜D分含む)、接着芯各110×35cm　直径1.3cmスナップボタン1組　長さ15cmファスナー1本

作り方のポイント
●ポケットは自由にアレンジするとよい。

作り方
1　本体とベルトに接着キルト綿をはり、キルティングする。
2　ポケットA〜Dを作る。
3　左右のポケットをまとめる。
4　本体内布に左右のポケットを仮留めする。
5　ベルトを作る。
6　本体にベルトを仮留めし、5でポケットをまとめた本体内布を中表に合わせて返し口を残して周囲を縫う。
7　表に返して返し口をとじ、周囲をステッチで押さえる。
8　くるみスナップボタンを作って付ける。

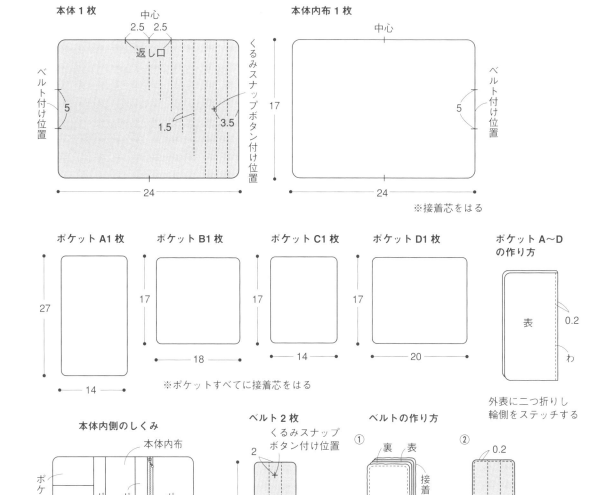

左ポケットのまとめ方

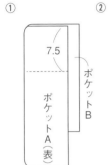
① ポケットAとBを上辺をそろえて重ね出来上がり線から7.5cmの位置を縫う

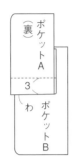
② ポケットAを折り上げて3cmの位置を縫う

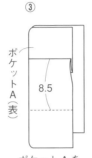
③ ポケットAを表に返し、8.5cmの位置を縫う

④ ②と同様にポケットAを折り上げて2cmの位置を縫い、ポケットAを表に返し周囲にしつけをかける

本体、留め布の角のカーブ

実物大型紙

くるみスナップボタン用布2枚

裁ち切り

くるみスナップボタンの作り方

① 周囲をぐし縫いする

右ポケットのまとめ方

① ポケットCにファスナーを付ける

② ポケットDの輪側から2cmの位置にポケットCを中表に重ねファスナーを縫い付ける

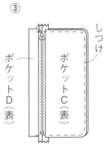
③ ポケットCを表に返し、周囲にしつけをかける

② ぐし縫いを引き絞りながらスナップボタンをつつみ中心に穴をあけて凸部分を出す

作り方

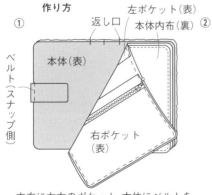
① 内布に左右のポケット、本体にベルトをそれぞれ仮留めし、本体と内布を中表に重ねて返し口を残して周囲を縫う

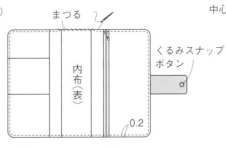
② 表に返して返し口をとじ周囲をステッチで押さえてくるみスナップボタンを付ける

35 毎年作って使いたい長財布

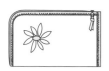

12×21cm
デザイン／柴尚子
●実物大型紙125ページ

材料
本体用布、両面接着キルト綿、裏打ち布各25×30cm　内布（ポケットA〜C、ファスナーポケット、足し布、マチ分含む）110×35cm　接着芯45×20cm　伸び止めテープ130cm　長さ28・16.5cmファスナー各1本　幅3cmジーンズの縫い代部分85cm　幅6cmレースモチーフ1枚　幅0.9cmテープ15cm　両面接着シート適宜

作り方のポイント
●本体の周囲や脇をパイピングで始末するときは幅3cmのバイヤステープで縫い代0.7cmをくるむ。
●長さ16.5cmのファスナーはニットタイプをカットして使う。

作り方
1　裏打ち布、両面接着キルト綿に本体トップを重ねてはり、キルティングする。レースモチーフをまつり付ける。
2　各ポケットを作り、それぞれを内布AとBに縫い付ける。
3　マチを作る。
4　本体に内布AとBを重ねて縫い付ける。
5　マチを仮留めする。
6　本体の周囲をジーンズでくるんで始末する。
7　口にファスナーを縫い付け、マチを縫う。
8　脇をジーンズでくるんで始末する。
9　ファスナーのスライダーにテープを通す。

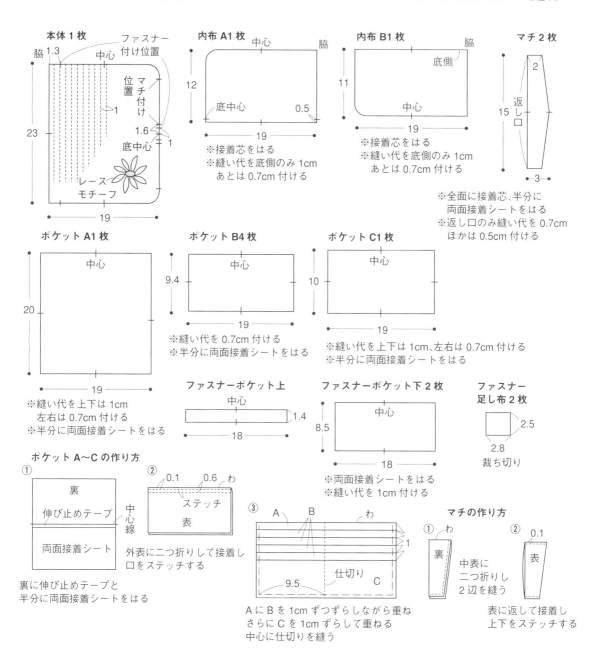

ファスナーポケット下の作り方

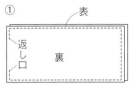

① 2枚を中表に合わせ返し口を残して周囲を縫う

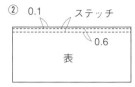

② 表に返して返し口の縫い代を整えて接着し、口をステッチで押さえる

実物大型紙 角のカーブ

ファスナーポケットの作り方

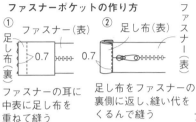

① ファスナーの耳に中表に足し布を重ねて縫う
② 足し布をファスナーの裏側に返し、縫い代をくるんで縫う
③ ファスナーポケット下を重ねて縫う
④ ファスナーポケット上を中表に重ねて縫う

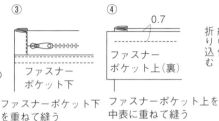

⑤ ファスナーポケット上を折り返し、両脇の縫い代を折り込みみ、縫い代をくるんで縫う 内布Bに縫い付ける

内布Aのポケット付け位置

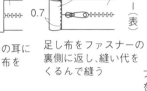

底中心から0.5cm上に合わせて縫う

内布Bのポケット付け位置

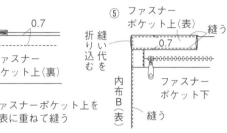

A〜Cをまとめたものを底側に合わせてしつけをかける

作り方

① 本体にポケットを付けた内布Bを外表に重ね、ファスナーポケットを付けた内布Aを中表に重ねて縫う

② 内布Aを表に返してファスナーポケットの下を縫いマチを仮留めする

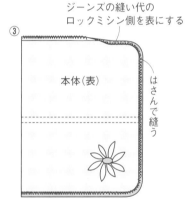

③ ジーンズの縫い代のロックミシン側を表にする
本体の周囲をジーンズの縫い代ではさんで縫う

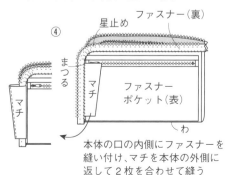

④ 本体の口の内側にファスナーを縫い付け、マチを本体の外側に返して2枚を合わせて縫う

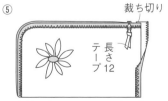

⑤ 本体の脇をジーンズの縫い代ではさんで縫い、ファスナー飾りを付ける

パイピングの場合

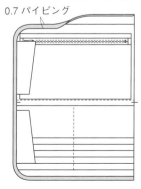

36 バッグに掛けるパスケース

11×9cm
デザイン／中西和子

材料
アップリケ用布7種、ループ用布各適宜　本体用布、接着キルト綿、裏打ち布各25×15cm　長さ12cmファスナー1本　直径0.7cmボタン6個　リールキーホルダー1個

作り方のポイント
●ファスナーを付けるときは、本体口の端を星止めですくう。

作り方
1　アップリケをし、ボタンを付けて本体前のトップをまとめる。本体後ろのトップは一枚布。
2　本体に接着キルト綿をはり、裏打ち布と中表に合わせて周囲を縫う。
3　表に返して返し口をとじる。本体後ろはキルティングをする。
4　口にファスナーを縫い付ける。
5　ループを作り、リールキーホルダーを通す。
6　本体前と後ろを中表に合わせ、ループをはさんで巻きかがりで縫い合わせる。

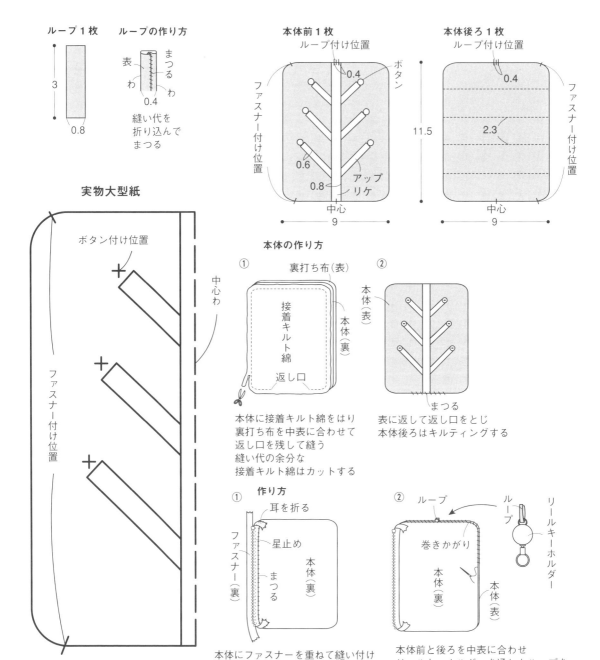

37 おそろいまんまるポーチ

直径11cm
デザイン／中西和子

材料
ピーシング用布6種各適宜　本体用布、裏布、接着キルト綿、カバン用接着芯各35×20cm　長さ35cmファスナー1本

作り方のポイント
- 69ページのパンケーキポーチの作り方を参考にする。
- 接着キルト綿とカバン用接着芯は裁ち切りでとる。
- 厚紙で作った型紙を用意しておく。

作り方
1. ピーシングをして本体のトップをまとめる。
2. 本体トップに接着キルト綿、裏布にカバン用接着芯をはって周囲をぐし縫いして引き絞り、形を整える。
3. ファスナーを輪に縫い、耳を始末する。
4. ファスナーのテープ部分をぐし縫いし、やや引き絞って縮める。
5. ファスナーに本体を重ね、まつり付ける。
6. 裏布も同様にまつり付ける。

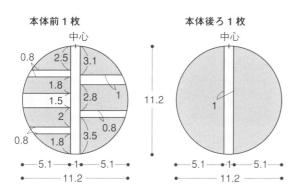

ファスナーの作り方

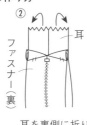
① 上耳と下耳を中表に合わせて縫う

② 耳を裏側に折り仮留めする

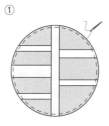
③ ファスナーテープの周囲をぐし縫いしてやや引き絞る

本体、裏布の作り方

① 本体に接着キルト綿（裏布はカバン用接着芯）をはり、周囲をぐし縫いする

② 型紙（厚紙）を裏に重ねぐし縫いを引き絞り形を整えて型紙を抜く

作り方

① ファスナーに本体を合わせてまつり付ける

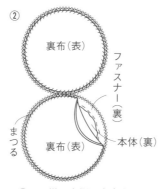
② ①と同様に裏側に裏布を合わせてまつり付ける

38 シンプルグラスケース

17.5×8.5cm
デザイン／小島千珠子

材料
ピーシング用布各種　裏布、両面接着キルト綿
各25×25cm　タブ用革5×10cm

作り方のポイント
●両面接着キルト綿を裏布に接着するときは、アイロンを強めに押し当ててキルト綿を薄くしておくと、脇を縫い合わせやすい。

作り方

1　ピーシングをして本体のトップをまとめる。
2　トップに両面接着キルト綿をはり、キルティングする。
3　裏布を返し口を残して縫い合わせる。
4　本体と裏布を中表に合わせて縫い、表に返す。
5　裏布に両面接着キルト綿をはり、タブを付ける。
6　二つ折りして脇を縫う。

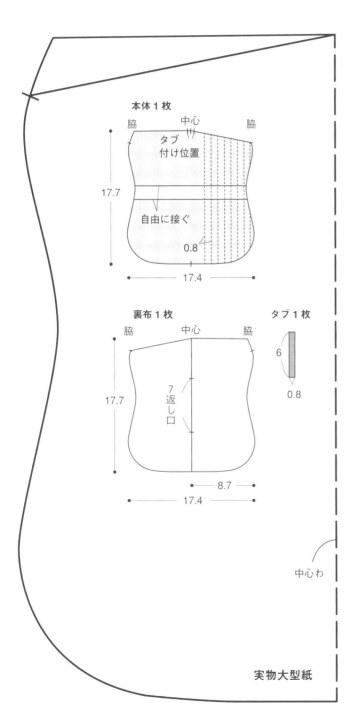

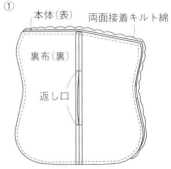

本体と裏布を中表に合わせて
周囲を縫う

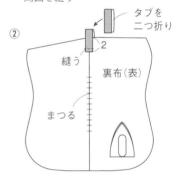

表に返して返し口をまつってとじ
アイロンで接着する
中心に革のタブを付ける

中心から外表に折って合わせ
脇を縫う

39 だ円の定番めがねケース

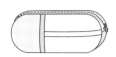

7.5×17cm
デザイン／中西和子

材料
ピーシング用布各種　マチ用布25×5cm　接着キルト綿25×25cm　裏打ち布（裏布、幅3.5cm縫い代始末用バイヤステープ50cm分含む）40×40cm　長さ20cmファスナー1本　幅1cmグログランリボン20cm

作り方のポイント
●本体とマチを縫い合わせるとき、ファスナーはあけておく。

作り方
1　ピーシングをして本体のトップをまとめる。マチのトップは一枚布。
2　本体のトップに接着キルト綿をはり、裏打ち布を重ねてしつけをかけてキルティングする。リボンを重ねて縫う。
3　マチのトップに接着キルト綿をはり、ファスナーを縫い合わせてファスナーマチを作る。
4　本体とファスナーマチを中表に合わせて縫い、縫い代をバイヤステープでくるんで始末する。

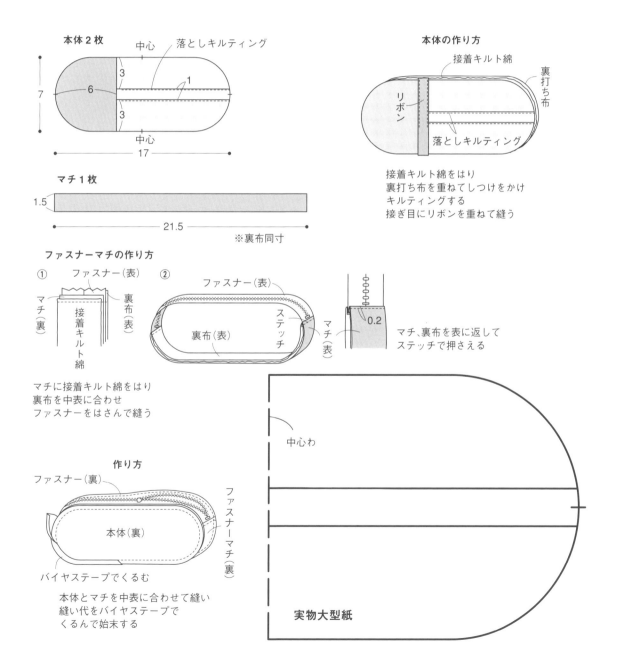

40 ボックスティッシュが入るティッシュケース

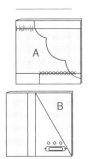

12×12.5cm
デザイン／石川さちこ

材料（共通）
本体前用布各種　本体後ろ用布2種各30×15cm　裏打ち布、両面接着キルト綿各30×15cm　薄手接着芯60×20cm　直径1cm縫い付けマグネットボタン1組　8番刺しゅう糸、レース、スタッズ、タグ適宜

作り方のポイント
●飾りは好みで付ける。
●縫い代は多めに付けておき、0.7cmに切りそろえる。

作り方
1　ピーシングをして本体前のトップをまとめる。
2　裏打ち布、両面接着キルト綿にトップを重ねてはり、キルティングする。
3　本体後ろを作る。
4　本体前と後ろを中表に合わせて周囲を縫い、縫い代の余分をカットして始末し、表に返す。
5　マグネットボタンを付け、好みで飾りを付ける。

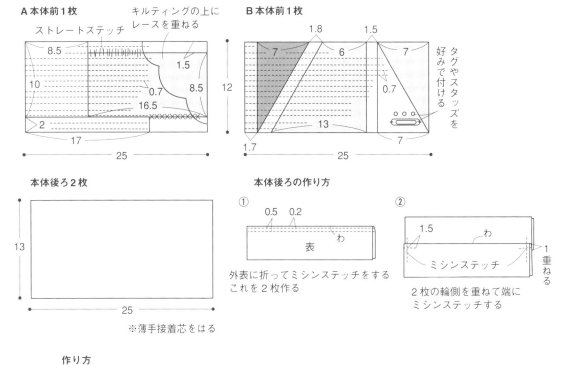

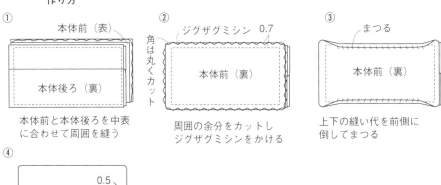

41 ポケットティッシュケース＋ポーチ

11×15cm
デザイン／小島千珠子

材料
アップリケ用布各種　本体前用布（ポケット1枚分含む）40×15cm　薄手キルト綿、ポケット用布（1枚分）各20×15cm　中袋用布（ポケット裏布分含む）60×15cm　タブ用革5×5cm　長さ15cmファスナー1本　両面接着シート、接着芯各適宜

作り方のポイント
● 本体のアップリケは裁ち切りの布を両面接着シートではってステッチをかける。
● 仕立ては17ページも参考にするとよい。
● 縫い代は1cm付ける。

作り方
1 アップリケをして本体前のトップをまとめる。
2 薄手キルト綿に本体前のトップを重ね、しつけをかけてキルティングする。
3 ポケット裏布にポケットを重ねて本体後ろを作る。
4 本体と中袋を中表に合わせ、ファスナーをはさんで縫う。
5 本体同士、中袋同士を中表に重ね、タブをはさんで返し口を残して周囲を縫う。
6 表に返して返し口をとじる。

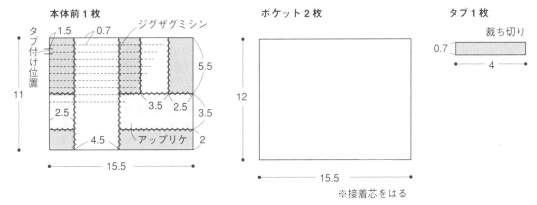

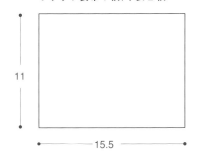

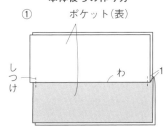

ポケットを外表に二つ折りし輪側を1cm重ねて仮留めする

ポケットとポケット裏布を合わせ、周囲にしつけをかける

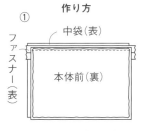

本体前と中袋を中表に合わせファスナーをはさんで縫うもう片側も本体後ろと中袋を同様に縫う

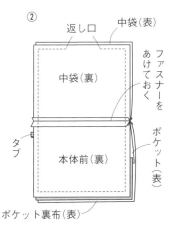

本体同士、中袋同士を中表に重ね、返し口を残して周囲を縫う
表に返して返し口をとじる

43 トレジャーポーチ

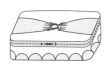

14×25×5cm
デザイン／石川さちこ
●実物大型紙133ページ

材料
ふた用布（ファスナーマチ、足し布分含む）100×20cm　底用布（アップリケ分含む）55×20cm　裏打ち布（裏布、幅3.5cm縫い代始末用バイヤステープ170cm分含む）110×60cm　両面接着キルト綿60×20cm　接着キルト綿80×10cm　幅7cmサテンリボン50cm　長さ60cm両開きファスナー1本　3.3×5.5cmダルマ型ひっかけ金具1組　直径0.2cmビーズ78個

作り方のポイント
● ふたと底は縫い代を多めに付けておき、キルティングしてから型紙をあててほつれ止めの端ミシンをかけてから0.7cmにカットする。
● ベルト飾りのリボンのひだは、なるべく縫い目が表に出ないように縫う。
● ふた、底とマチの縫い代はバイヤステープでくるんでから手芸用ボンドでマチ側に倒してはる。
● ファスナーマチのアップリケは中央から始める。

作り方
1 アップリケをしてファスナーマチ下のトップをまとめる。ふた、底、ファスナーマチ上のトップは一枚布。

2 裏打ち布、両面接着キルト綿にふたと底のトップをそれぞれ重ねてはり、キルティングする。ふたはビーズを付ける。

3 ファスナーマチの上下と足し布の裏に接着キルト綿をはり、ファスナーマチ下はキルティングする。

4 ファスナーにファスナーマチと足し布を付けてマチを作る。

5 ダルマ型ひっかけ金具にリボンを通してベルト飾りを作る。

6 ふた、底とマチを中表に合わせて縫う。

7 縫い代をバイヤステープでくるんで始末する。

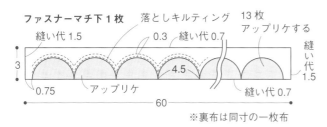

ベルト飾り2枚

金具にリボンを通し
幅に合わせて
ひだを寄せて縫う

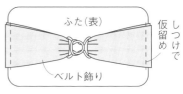

ふたの作り方

ふたにベルト飾りを重ねて
仮留めする

マチの作り方

①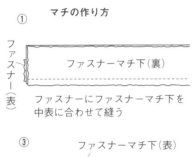
ファスナーにファスナーマチ下を中表に合わせて縫う

②
ファスナーマチ下裏布を中表に重ね①の縫い目に重ねて縫う

③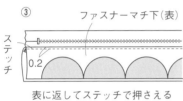
表に返してステッチで押さえる
ファスナーマチ上も同様に付ける

④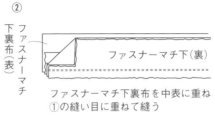
ファスナーマチに足し布を中表に合わせて両脇を縫う

⑤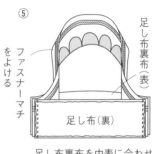
足し布裏布を中表に合わせ④の縫い目に重ねて縫う

⑥
表に返し、ステッチで押さえる

作り方

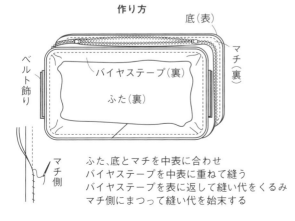

ふた、底とマチを中表に合わせ
バイヤステープを中表に重ねて縫う
バイヤステープを表に返して縫い代をくるみ
マチ側にまつって縫い代を始末する

実物大型紙

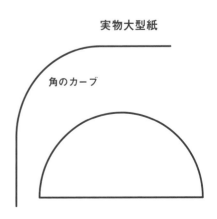

角のカーブ

133

44 大人色の大きめポーチ

28×19cm
デザイン／嵯峨暁子

●実物大型紙135ページ

材料
A　本体前a用布(ファスナーマチ分含む) 50×35cm　本体前b用25×15cm　花、葉用フェルト25×10cm　直径1.1cmボタン2個　直径1.8cmボタン3個　幅0.4cmじゃばらテープ30cm
B　ヨーヨーキルト用布4種、葉用フェルト各適宜　本体前用布(ファスナーマチ分含む) 50×35cm　レース地10×10cm　幅1.8・1.5・0.9cmボタン各1個　幅0.5cmリボン25cm
共通　底マチ用布各種　後ろ用布25×35cm　接着キルト綿、裏打ち布、裏布各50×35cm　幅2.5cmタブ用リボン20cm　長さ40cmファスナー1本　金糸適宜

作り方のポイント
●Bのヨーヨーキルトは2枚重ね、下になる1枚はオーガンジーで作るとよい。
●マチは好みで接ぐ。
●本体とマチを縫い合わせるときは、ファスナーをあけておく。

作り方
1　Aはじゃばらテープをはさんでピーシングし、本体前のトップをまとめる。本体後ろとBの本体前のトップは一枚布。
2　トップに接着キルト綿をはり、裏打ち布を重ねてキルティングする。
3　花、葉、ヨーヨーキルトを作り、前にレースやリボン、ボタンと縫い付けてまとめる。
4　底マチをピーシングしてまとめる。
5　ファスナーマチと底マチを作る。
6　底マチにファスナーマチの端を入れ込み、タブをはさんでまつる。
7　本体と裏布を中表に合わせ、返し口を残して周囲を縫う。
8　表に返して返し口をとじる。
9　本体とマチを中表に合わせ、コの字とじで縫い合わせる。

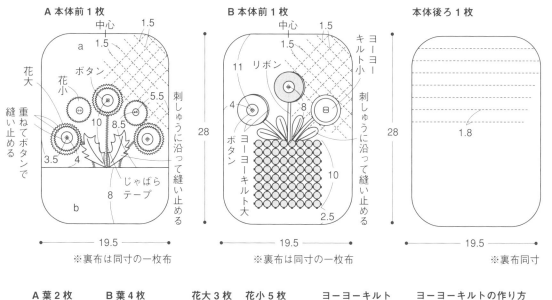

実物大型紙

ファスナーマチ2枚　中心
3
41.6

底マチ1枚　底中心
9
11　9　10　6.3　8.5
44.8
※自由に接ぐ

角のカーブ

ファスナーマチと底マチの作り方

① 中表に二つ折りして筒に縫う
裏　わ

② 表に返して縫い目を中心に折り直す
縫い目　表

③ ファスナーマチはファスナーに重ねて縫う
ファスナー（表）　1.5　1.5　4.5　表　0.2

マチの作り方

ファスナーマチ（表）
タブ
3
まつる
表
底マチ（裏）

底マチの縫い代を折り、ファスナーマチと二つ折りしたタブをはさんでまつる

本体の作り方

① 接着キルト綿　裏布（表）　本体（裏）　裏打ち布（表）　返し口

本体と裏布と中表に合わせ返し口を残して周囲を縫う

② まつる

表に返して返し口をとじる

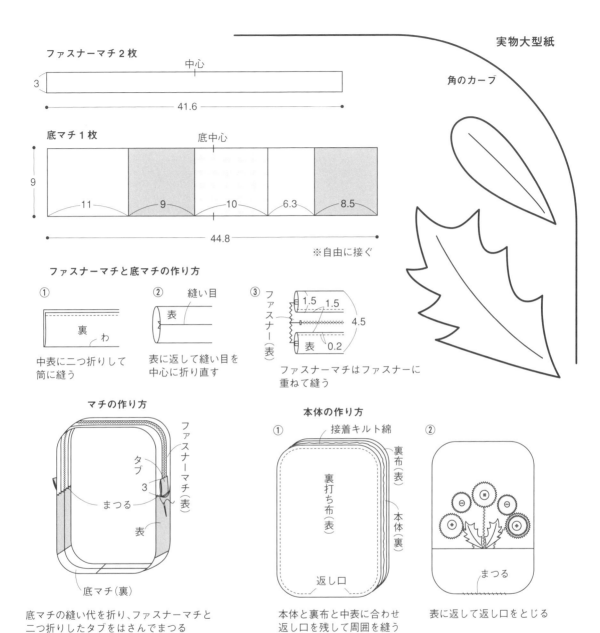

作り方

コの字とじ
本体（裏）
マチ（裏）

本体とマチを中表に合わせコの字とじで縫い合わせる

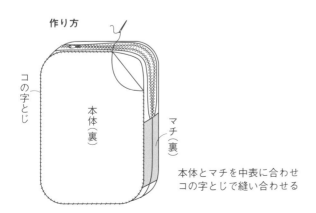

45 フリルとスモッキングのガーリーなきんちゃくポーチ

15×11cm
デザイン／石川さちこ
●実物大型紙137ページ

材料
本体用布(底、裏布、底裏打ち布、フリル、幅4.5cmパイピング用バイヤステープ30cm、幅3.5cm縫い代始末用バイヤステープ35cm、持ち手、ひも飾り用分含む) 110×35cm　カバー用布60×10cm　直径0.1cmひも90cm　薄手接着芯35×20cm　両面接着キルト綿15×10cm　直径0.4cmビーズ、手芸綿、8番刺しゅう糸各適宜

作り方のポイント
● カバーの口はダブルパイピングで始末する。
● スモッキングのしかたは73ページ、ギャザーの寄せ方は79ページ参照。
● 縫い代は、カバーの両端は1cm、そのほかは0.7cm付ける。
● スモッキングは0.7cm角のギンガムチェックの布を使用。60cmの布にスモッキングして、およそ30cmに縮める。

作り方
1　フリルを作る。
2　本体にフリルを仮留めし、裏布と中表に合わせて縫い、表に返す。
3　本体のひも通しを縫い、脇を縫って輪にする。
4　裏打ち布、両面接着キルト綿に底のトップを重ねてはり、キルティングする。
5　スモッキングをしてカバーを作り、輪に縫う。
6　本体とカバーを重ね、カバーのパイピングのきわを縫い、ビーズを付ける。
7　本体の脇を裏から巻きかがりで縫う。
8　本体と底を中表に合わせて縫い、縫い代をバイヤステープでくるんで始末する。
9　ひもを通し、ひもの先端にひも飾りを作って付ける。
10　持ち手を作り、本体の内側にはり付ける。

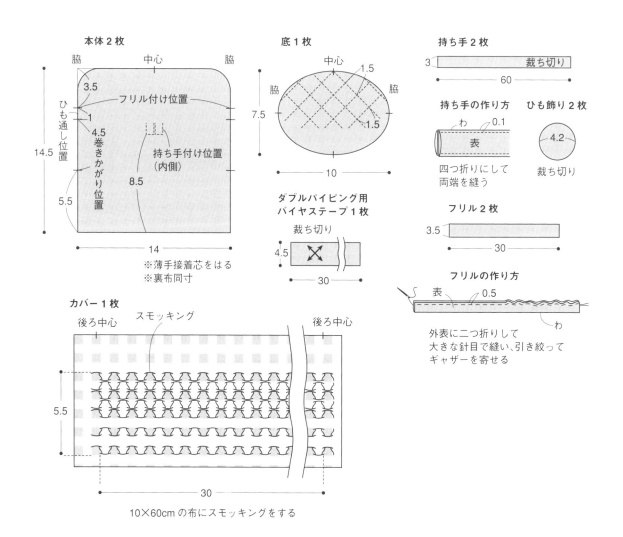

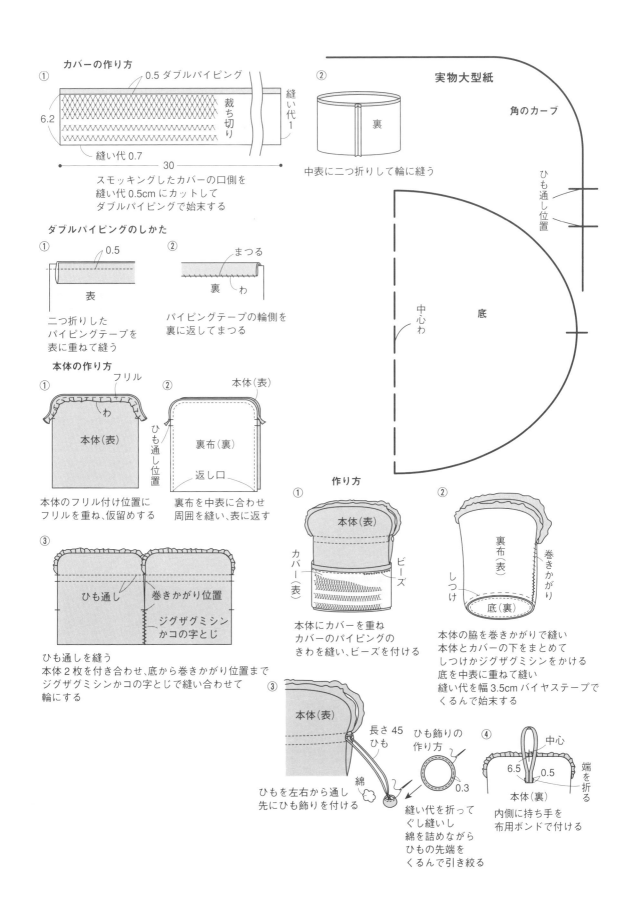

46 ふんわりタックのやさしいポーチ

15×23cm
デザイン／大畑美佳

材料
本体用布、中袋用布、接着キルト綿各70×20cm
口布30×25cm　接着芯30×15cm　タブ用合
皮5×5cm　長さ25cmファスナー1本　5.5×
4.5cmレースモチーフ1枚

作り方のポイント
● 縫い代は1cm付け、縫った後に0.7cmに裁ち
そろえる。
● ファスナーチャームは好みのものを付けるとよ
い。

作り方
1　本体に接着キルト綿をはり、中表に合わせて
脇と底を縫い、マチを縫う。
2　中袋を本体同様に縫う。
3　口にタックを寄せてしつけをかける。
4　口布を作る。
5　本体と中袋を外表に合わせて口にしつけを
かける。
6　本体に口布を中表に合わせて縫う。
7　口布をおこし、ファスナーを中表に合わせて
しつけをかける。
8　さらにもう一枚口布を中表に合わせて縫う。
9　口布を表に返して中袋にまつり、口をステッ
チで押さえる。
10　ファスナーの下耳にタブをはる。

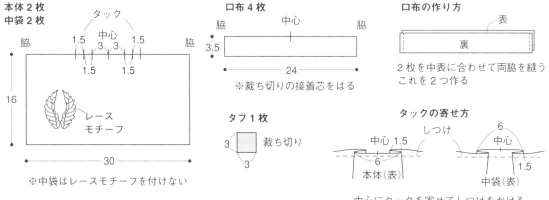

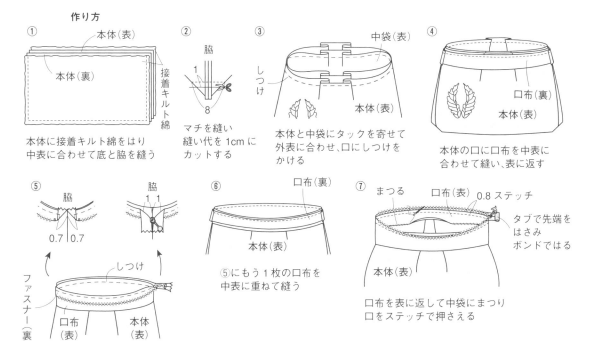

47 モダンふくさポーチ

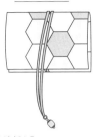

14×21.5cm
デザイン／石川さちこ

材料
ピーシング用布各種　本体A用布10×35cm
本体B用布25×10cm　本体C用布25×15cm
両面接着キルト綿、裏打ち布、裏布各25×45cm
幅0.7cmDかん1個　幅0.7cmループ用テープ
5cm　幅0.2cm革ひも90cm　丸カン付き長さ
1cmチャーム1個　穴糸適宜

作り方のポイント
●チャームは好みのものを付ける。

作り方
1　ループをはさんでピーシングをし、トップをまとめる。
2　裏打ち布、両面接着キルト綿にトップを重ねてはり、キルティングする。
3　本体と裏布を中表に合わせ、返し口を残して周囲を縫う。
4　表に返して返し口をとじ、裏布側を星止めする。
5　本体を底中心で中表に折り、両脇を巻きかがりで縫い合わせる。
6　表側から両脇に刺しゅうをする。
7　ひもを作り、Dかんに通す。

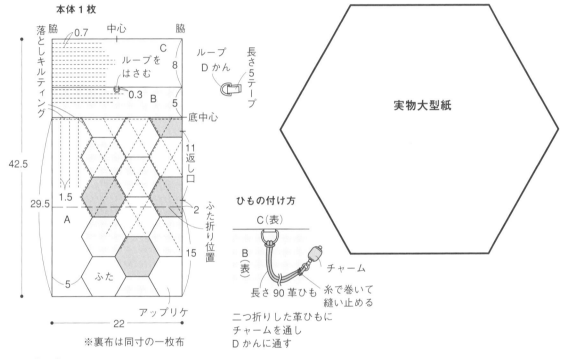

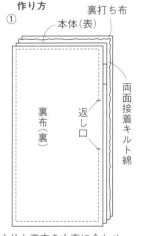

本体と裏布を中表に合わせ
返し口を残して周囲を縫う

表に返して返し口をとじ
表に響かないように
周囲を星止めする

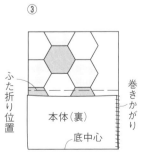

本体を中表に底中心で折り
裏布のみすくって
巻きかがりで脇を縫う

脇の表布のみを
すくって刺しゅう
をする

48 カテドラルウインドウが美しいポーチ

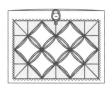

15×20.5cm
デザイン／松本良子

材料
台布80×15cm　飾り布2種 各20×5cm　本体用布2種各25×20cm　中袋用布25×35cm　幅0.5cmブレード70cm　直径1.6cmボタン1個　幅0.5cmループ用革テープ15cm

作り方のポイント
●カテドラルウインドウの作り方は80ページ参照。
●本体はウール地を使用。普通のコットン地を使う場合は、接着芯をはってもよい。

作り方
1　カテドラルウインドウのモチーフを作り、本体前にアップリケしてブレードを付ける。
2　本体前と後ろを中表に合わせて縫う。
3　中袋を中表に二つ折りして脇を縫う。
4　本体と中袋を中表に合わせて口を縫い、表に返す。
5　返し口をとじ、口を星止めする。
6　ループを作って付け、ボタンを付ける。

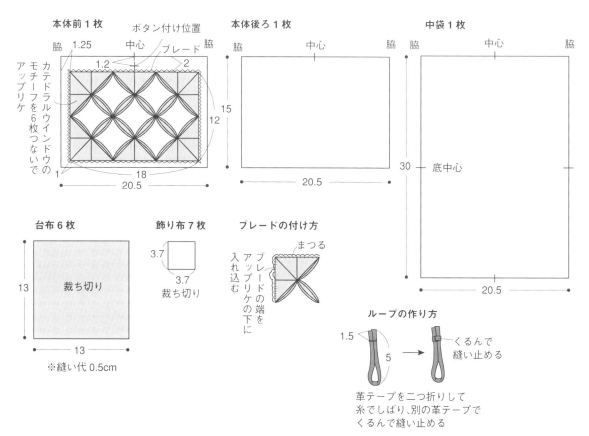

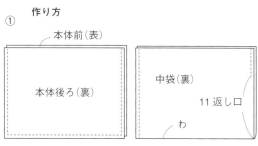

本体前と後ろを中表に合わせて縫う
中袋は中表に二つ折りして返し口を残して両脇を縫う

本体と中袋を中表に合わせて口を縫い、返し口から表に返す

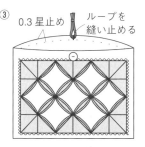

返し口をミシンで縫ってとじ
本体に響かないように口の内側を星止めする
ループとボタンを縫い止める

49 おしゃれさんのおもしろポーチ

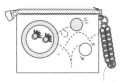

ストラップ
18×24cm
デザイン／石川さちこ

材料
アップリケ用布適宜　顔用フェルト10×10cm　直径1.5cm目用フェルトシール2枚　本体用布（幅2.5cmパイピング用バイヤステープ55cm分含む）55×55cm　両面接着キルト綿、裏打ち布、中袋用布各55×20cm　幅2cmギャザーテープ用バイヤステープ80cm　タブ用革10×5cm　幅1.3cmぬいぐるみ用目2個　長さ25cmファスナー1本　幅1.7cm長さ18cmストラップ1本　幅0.7cmDかん1個　幅0.6cmループ用テープ5cm　8番刺しゅう糸適宜

作り方のポイント
●ギャザーテープの作り方は79ページ参照。フェルトの周囲に合わせて針目の上を再度縫う。
●刺しゅうは2本取りで自由に刺すとよい。

作り方
1　裏打ち布、両面接着キルト綿に本体トップを重ねてはり、キルティングする。
2　アップリケと刺しゅうをする。
3　ギャザーテープを作って顔の周囲に付ける。
4　本体を中表に合わせ、ループをはさんで縫う。
5　中袋を本体同様に縫う。
6　本体と中袋を外表に合わせ、口をパイピングで始末する。
7　口にファスナーを縫い付け、両耳をタブでくるんで始末する。
8　ストラップを付ける。

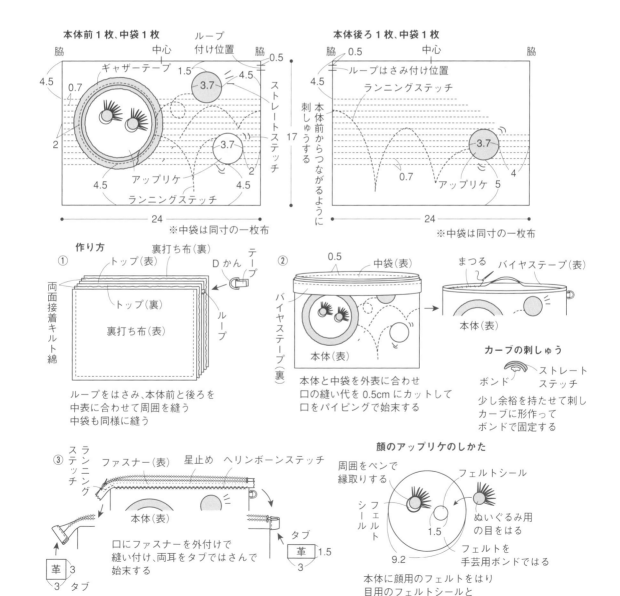

141

50 ビーズとフェイクファーのパーティーポーチ

10×20.5cm
デザイン／石川さちこ

材料
本体用布、両面接着キルト綿、裏打ち布、中袋用布各30×30cm　フェイクファー25×15cm　長さ19cmファスナー1本　長さ1.4×0.8cmナツメ型ビーズ168個　幅0.7cmDかん2個　カニかん付き幅0.7cm持ち手用ストラップ1本　幅0.6cmループ用リボン10cm　テグス適宜

作り方のポイント
● 縫い代は1cm付けておき、縫ってから0.7cmにカットする。
● ビーズ編みは79ページ参照。途中でテグスが足りなくなったら、固結びを2回し、それぞれのテグスを5〜6個のビーズに通してカットする。新しいテグスを2、3個ビーズに通してから続きを編み始める。

作り方
1　裏打ち布、両面接着キルト綿に本体トップを重ねてはり、フェイクファーを重ねてジグザグミシンで縫い付ける。
2　本体を中表に合わせてループをはさんで縫う。
3　中袋は返し口を残して本体同様に縫う。
4　本体と中袋を中表に合わせ、口を縫う。
5　表に返して返し口をとじ、口をステッチで押さえる。
6　口にファスナーを縫い付ける。
7　ビーズ編みを作り、本体に縫い付ける。
8　持ち手を付ける。

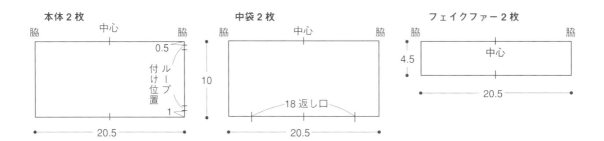

ビーズ編み図

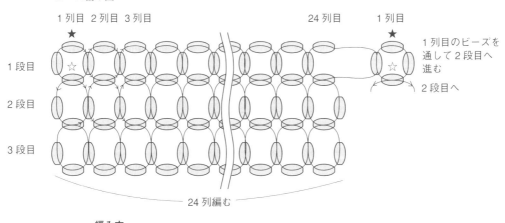

編み方

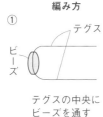
テグスの中央にビーズを通す

上下のビーズを通し4つ目のビーズでテグスを交差するこれを続ける

作り方

①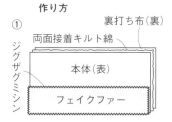

裏打ち布、両面接着キルト綿に本体トップを重ねてアイロンで接着し、フェイクファーを重ねてジグザグミシンで縫う

②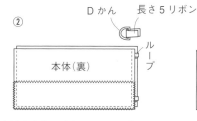

本体を中表に合わせ、Dかんを通したループをはさんで縫う
中袋は底に返し口を残して同様に縫う

③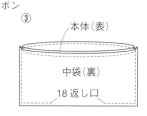

本体と中袋を中表に合わせて口を縫う

④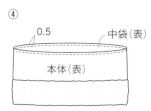

表に返して返し口をまつってとじ口をステッチで押さえる

⑤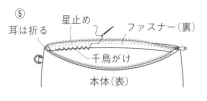

本体の口にファスナーを縫い付ける

⑥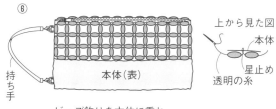

ビーズ飾りを本体に重ね
横向きのビーズに透明の糸を通しながら星止めで縫い付ける

143

本書で作品を紹介した作家さんのなかには、ご自身で教室
や手芸ショップをされている方々もいます。各教室やショッ
プについてのお問い合わせは編集部までお願いします。

staff

撮影‥‥‥‥‥ 山本和正
デザイン‥‥ 中田聡美
イラスト‥‥‥ おちまきこ
作り方‥‥‥‥ 大島幸
編集‥‥‥‥‥ 恵中綾子（グラフィック社）

はぎれがかわいい
ちょっと気になるポーチ50＋プラス

2018年 7 月25日　初版第 1 刷発行
2018年10月25日　初版第 2 刷発行

編　者　　グラフィック社編集部
発行者　　長瀬 聡
発行所　　株式会社グラフィック社
　　　　　〒102-0073
　　　　　東京都千代田区九段北1-14-17
　　　　　tel. 03-3263-4318（代表）
　　　　　　　03-3263-4579（編集）
　　　　　fax. 03-3263-5297
　　　　　郵便振替　00130-6-114345
　　　　　http://www.graphicsha.co.jp
印刷製本　　図書印刷株式会社

定価はカバーに表示してあります。
乱丁・落丁本は、小社業務部宛にお送りください。小社送料負担にてお取り替えいたします。
著作権法上、本書掲載の写真・図・文の無断転載・借用・複製は禁じられています。
本書のコピー、スキャン、デジタル化等の無断複製は著作権法上の例外を除き禁じられています。
本書を代行業者等の第三者に依頼してスキャンやデジタル化することは、たとえ個人や家庭内
での利用であっても著作権法上認められておりません。

本書に掲載されている作品や型紙は、お買い上げいただいたみなさまに個人で作って楽しんで
いただくためのものです。作者に無断で展示・販売することは著作権法により禁じられています。

©GRAPHIC-SHA PUBLISHING Co.,Ltd 2018 Printed in Japan
ISBN978-4-7661-3134-5　C2077